Zu diesem Buch Vor zweieinhalb Jahrtausenden erreichte die griechische Kultur einen Höhepunkt, der lange von keiner anderen übertroffen wurde. So nah, so verwandt sind uns Lebens- und Weltanschauung dieses antiken Volkes, daß wir uns gar nicht ernsthaft genug mit seinem Gedankengut, seiner Geschichte beschäftigen können. Beispiellos ist der Aufstieg Griechenlands in einer kulturellen Umgebung, die weitgehend mythisch, ja magisch geprägt war. Die Hochkulturen des Vorderen Orients, in Mesopotamien und Ägypten vor allem, sind in technisch-zivilisatorischer Hinsicht den Griechen durchaus an die Seite zu stellen. Was die Griechen aus der orientalischen Tradition heraushebt, ist die Entdeckung des Menschen, seiner moralisch begründeten Rechte und Pflichten als Individuum und als Mitmensch. Ob es um Demokratiebegriff oder ästhetische Prinzipien, um die Verantwortung des Arztes oder Fragen nach dem Aufbau der Materie, um Rechtliches oder Mathematisches geht, immer stoßen wir auf die fundamentalen Klärungsversuche der griechischen Philosophie und Wissenschaft.

Dieses Buch möchte in knappem Überblick dem Leser einen Zugang zur Gedankenwelt und Geschichte der Griechen geben. Die intensive Illustration will einen Eindruck von der Vielfalt griechischer Kultur, der Bewegtheit der politischen Geschichte, der Leistung griechischer Kunst vermitteln.

Der Autor Sir Cecil Maurice Bowra, Professor of Poetry und Leiter des Wadham College in Oxford, wurde durch seine Schriften zur Literatur und Geschichte der Griechen weltberühmt. Auch seine Übersetzungen sind Standardwerke geworden. Auf deutsch sind erschienen «Höhepunkte griechischer Literatur. Von Homer zu Theokrit» (1968) und «Griechenland» (1960).

Der beratende Mitarbeiter Leonard Krieger – ehemals Professor für Geschichte an der Yale-Universität – ist jetzt Professor an der Universität von Chicago.

Umschlagfoto © Gijon Mili. Dieser Tholos, ein Rundbau, steht in Delphi. Er wurde von dem Architekten Theodoros von Phokäa entworfen.

Griechenland

Von Homer bis zum Hellenismus

von
C. M. Bowra
und der Redaktion der
TIME-LIFE-BÜCHER

Einführung von
Prof. Dr. Wolfgang Schadewaldt
Universität Tübingen

rororo
Rowohlt

Titel der Originalausgabe: ‹Classical Greece›
Aus dem Englischen übertragen von JAN HANS
Für die Taschenbuchausgabe eingerichtet und bearbeitet
von Friedemann Bedürftig
Layout Hermann Becker
Umschlagentwurf Werner Rebhuhn

1.–23. Tausend August 1972
24.–30. Tausend März 1974
31.–38. Tausend Mai 1975

Veröffentlicht im August 1972 mit freundlicher Genehmigung
TIME-LIFE BOOKS, Time Inc., New York

Original English language edition published by Time Inc.
in the United States
Deutsche Taschenbuchausgabe:
Rowohlt Taschenbuch Verlag GmbH, Reinbek bei Hamburg
Satz: Alfred Utesch, Hamburg
Druck: Mühlmeister & Johler, Hamburg
Umschlagdruck und buchbinderische Verarbeitung:
Clausen & Bosse, Leck/Schleswig
Printed in Germany
880–ISBN 3 499 18031 6

Inhaltsverzeichnis

Einführung

Unter den großen Zeitaltern der Menschheit, die je auf ihre Weise bedeutungsvolle Ausprägungen des Menschen gebracht haben, nimmt das antike Griechentum für uns einen besonderen Platz ein. Es ist die Grundlage Europas und der westlichen Zivilisation und durch eine kontinuierliche Tradition mit uns verbunden. «Grundlage» meint dabei nicht ein starres Fundament, sondern die lebendige Grundform (Entelechie), die sich unerschöpflich in immer neuen Abwandlungen durchhält und bewahrt:

> *«Und keine Zeit und keine Macht zerstückelt*
> *Geprägte Form, die lebend sich entwickelt».* (Goethe)

Was uns über die alten Griechen im realen Sinne weit hinausgeführt hat, ist unsere in den letzten beiden Jahrhunderten durch Wissenschaft und Technik ganz gewaltig herangewachsene Empirie. Unser Denken, Formen und Gestalten aber bleibt auch heute noch durchwirkt von den Prinzipien und Kategorien, die die Griechen, zumal seit dem sechsten Jahrhundert vor Christus, entdeckt und aufgestellt haben. Wir leben – ob wir es wissen oder nicht, wahrhaben wollen oder nicht – vorläufig noch immer in dem vielgestaltigen kategorialen Gewebe, dessen durchgehende Grundfäden von Griechentum, Römertum und Christentum herkommen und sich in den Jahrhunderten mit mannigfaltigen neuen Einschlägen verwoben haben. In allen Bereichen ihres Wirkens, in Dichtung, Philosophie, bildender Kunst, Kosmologie, Physik und Medizin, Mathematik, Geschichtsschreibung, Staatslehre, Ethik, Logik, Rhetorik, haben die Griechen in einfachster Form höchst instruktive Modelle für unser eigenes Denken und Gestalten hinterlassen.

Dabei sind vor allem drei Entdeckungen und «Erfindungen» der Griechen für uns grundlegend geworden: einmal das im sechsten Jahrhundert vor Christus aufgekommene rationale Denken, das für das Erkennen und Beherrschen der Umwelt zunächst auf die Prinzipien, die Elemente und die Sache selber dringt, sodann das Bewußtsein der Natur (*physis*) wie des Kosmos als einer gesetzlichen, unerschöpflichen, doch weithin verstehbaren Ordnung des Seins, und endlich die Idee der Freiheit des Individuums, das sich in Wechselwirkung mit den Anforderungen der Gesellschaft behauptet und formiert.

In dem vorliegenden Werk hat der kürzlich verstorbene Oxforder Philologe und vergleichende Literarhistoriker Sir Maurice Bowra, der, ausgewiesen durch eine Reihe der bedeutendsten gelehrten Werke, zugleich ein Meister des Worts und der Darstellung war, ein ebenso umfassendes wie eindringliches Bild des klassischen Griechentums entworfen. In ungemein anziehender Weise entwickelt er auch für weitere Leserkreise die farbige Fülle des griechischen Lebens und arbeitet zugleich mit großer Präzision jene Modelle und Gestaltungsprinzipien heraus, die Griechenland zu einer ‹Wiege des neuzeitlichen Denkens› gemacht haben. Sie zu studieren, ist ein ebenso genußreiches wie nützliches Unternehmen – nützlich zumal für unsere eigene kulturelle Selbstanalyse und Selbstbestimmung in der technisch-industriellen Welt.

Professor Dr. Wolfgang Schadewaldt
Universität Tübingen

Der Diskuswerfer. Ein häufiges Motiv in der griechischen Kunst.

1. Die «Wiege» neuzeitlichen Denkens

Jahrhundertelang hat Griechenland einen eigentümlichen Zauber auf die Phantasie der Menschen ausgeübt. Militärisch unterlag Griechenland den Römern. Seine Städte wurden geplündert, Kunstschätze deportiert, doch die neuen Herren begriffen, daß es dort geistige «Immobilien» gab, die zu erwerben das Schwert ein untaugliches Mittel war. Junge Römer wurden zum Studium an die Universität von Athen geschickt, und gebildete Römer betrachteten die Griechen als Lehrmeister in der Philosophie, der Naturwissenschaft und den schönen Künsten. Und wenn auch die Mühe der Römer, der griechischen Kultur Ebenbürtiges an die Seite zu stellen, kaum von Erfolg gekrönt war, so haben sie doch zur Erhaltung wertvoller Zeugnisse aus dem «alten» Griechenland unschätzbare Dienste geleistet.

Die Wiederentdeckung. Als sich im 15. Jahrhundert ein verstärktes Interesse an der Antike zu entwickeln begann, zog zunächst Rom die Aufmerksamkeit auf sich. Aber Gelehrte und Dichter begriffen bald, daß Roms imposante Fassade Wesentliches verbarg. Nur langsam wurde die Leistung der Griechen sichtbar. So groß wurde ihr Ansehen, daß ihre Vorstellungen von Medizin, Astronomie und Geographie in bedingungslosem Glauben bis zu Beginn des 17. Jahrhunderts übernommen wurden, bis zu einem Zeitpunkt also, als die Geburt eines neuen Wissenschaftsdenkens die Ära des Experiments und der Forschung einleitete. In dieser Ära leben wir heute.

Und noch heute, wo so viele Glaubenssätze und Kosmologien aufgegeben worden sind, begeistert die griechische Lebenshaltung. Denkweisen und Ideen der Griechen sind – nahezu ohne daß wir es wahrnehmen – so fest mit Urteilen und Vorurteilen unseres Lebens verbunden, daß es aus diesem Grund allein gerechtfertigt ist, mehr über die Griechen wissen zu wollen, um Wert und Zweck ihrer Leistung einschätzen zu können. Nicht nur die unmittelbare Vergangenheit macht unsere Gegenwart verständlich. Ohne Kenntnis der zeitlich ferneren Gründe für unseren Erfolg und unser Versagen werden wir intolerant uns selbst gegenüber werden und die Zukunft falsch einschätzen. Und die moderne Welt ist gerade Griechenland besonders tief verpflichtet.

Pallas Athene, Stadtgöttin Athens, Lieblingstochter des Zeus, mit Helm. Athene galt als Göttin des Krieges und des Friedens, der Weisheit, der Künste und des Handwerks. Sie spielt in der griechischen Mythologie eine zentrale Rolle.

Im Zentrum griechischer Weltsicht stand ein unerschütterlicher Glaube an den Wert des einzelnen. In Zeiten, als große Teile der Welt von den absoluten Monarchien des Ostens beherrscht wurden, entwickelten die Griechen ihren Glauben, daß der Mensch nicht als Instrument eines allmächtigen Herrschers, sondern um seiner selbst willen geachtet werden müsse. Wem, so fragten sie, wenn nicht dem Menschen, soll menschliches Handeln, Politik dienen?

Geographische Voraussetzungen. Die geographischen Besonderheiten haben in jenen Zeiten geringer Verkehrserschließung nicht unwesentlich zur Sonderentwicklung Griechenlands beigetragen. Ein Land aus harten Kalksteingebirgen, durchzogen von tiefen Tälern, wird es durch den schmalen Einschnitt des Golfes von Korinth nahezu zweigeteilt. Gegen Osten wird die Struktur des Festlandes in unterbrochener Folge von Inseln fortgesetzt. Das Ganze wird im Süden abgerundet durch den langgestreckten Wall Kretas, das man «Sprungbrett zwischen den Kontinenten» genannt hat. Selbst wenn man die Inseln einschließt, ist Griechenland ein kleines Land, kleiner als Jemen oder Florida. Darüber hinaus ist dieses kleine Gebiet niemals in der Lage gewesen, mehr als einige wenige Millionen Einwohner zu ernähren. Und dennoch hat es in der Geschichte der westlichen Zivilisation eine bedeutende Rolle gespielt.

Der Grund dafür ist zum Teil in der Geographie des Landes zu suchen. In Ägypten und Mesopotamien, den großen Stromländern an Nil und Euphrat, war es leicht, eine große Bevölkerung einem einzelnen Herrscher zu unterwerfen und darauf zu achten, daß jedermann eine ihm zugedachte Funktion in einem umfassenden, einheitlichen System erfüllte. In Griechenland jedoch, wo kleine, bevölkerte Landstriche durch Berge oder das Meer voneinander getrennt sind, war eine zentrale Kontrolle dieser Art unmöglich. Die Menschen durften nicht nur Spezialisten in diesem oder jenem Beruf sein, sondern mußten alle erdenklichen Fertigkeiten in ihrer gesamten Breite beherrschen. Das maritime Klima minderte die subtropischen Temperaturen und förderte Öffentlichkeit. Und das Meer ließ in vortechnischer Zeit bereits ein reges System des Nachrichtenaustausches entstehen. Die seemännischen Fertigkeiten wurden besonders gut entwickelt.

Eine griechische Nation? Wenig beeinflußt von der Macht fremder Staaten und doch hinreichend über sie unterrichtet, entwickelten die Griechen ein starkes Gefühl für die Verteidigungswürdigkeit ihrer Ideale, die sie im gemeinsamen Kampf gegen die Natur und um begriffliche Klärungen gewonnen hatten. Dieser Freiheitsglaube der Griechen wurde gestützt durch die Achtung vor der Würde des Menschen und genährt durch eine Liebe zum Handeln.

Dieses Gefühl mag als etwas Unbestimmtes begonnen haben, aber es wurde zum Charakteristikum. Es reifte zu durchdachter Philosophie, die sehr viel später unserer eigenen Philosophie Gestalt gab. Gestützt durch ethische und psychologische Argumente, beruhte die griechische Philosophie auf Überzeugungen, die wir heute als so selbstverständlich betrachten, daß es schwerfällt, sich vorzustellen, welche Anstrengung nötig war, diese Philosophie zu begründen, oder sich auszumalen, was ihr Fehlen außerhalb Griechenlands bedeuten würde.

Gefahrlos war diese Philosophie allerdings nicht. Indem sie dazu ermunterte, eigene Ansprüche geltend zu machen, barg sie das Risiko, daß der Mensch seinen Mitmenschen und der Gemeinschaft als Lebensnotwendigkeit zuwenig Beachtung schenken könnte. Tatsächlich haben die griechischen Staaten schwer an ihrer internen Uneinigkeit getragen. Wenn sie trotzdem als Zentren der Ordnung überlebten, so deshalb, weil der Freiheitsglaube der Griechen unabdingbar mit dem Vorhandensein von Recht verbunden war.

Recht und Gesetz. Die Griechen haben weder die Gesetzgebung erfunden noch den Begriff des Rechts geprägt. Kodifiziertes Recht gab es in Babylonien zu einer Zeit, als die Griechen wenig mehr als Wilde waren. Das Mosaische Gesetz Israels stammt ebenfalls aus älterer Zeit. Das griechische Recht jedoch, im 7. Jahrhundert v. Chr. entstanden, weicht in mehrfacher Hinsicht von diesen Vorlagen ab. Es war nicht darauf abgestellt, den Willen eines allmächtigen Herrschers oder einer Gottheit zu vollstrecken; die griechische Gesetzgebung zielte allein darauf, das Los der Menschen zu verbessern. Während die früheren Systeme nach dem Willen eines Königs oder einer Priesterschaft dem Inhalt nach verändert werden konnten, basierte das griechische Recht im allgemeinen auf einer Art Billigung durch das Volk und konnte nur mit Zustimmung des Volkes geändert werden. Man erwartete von der griechischen Gesetzgebung, daß sie nicht nur eine auserwählte Gruppe von Führern und Priestern, sondern alle Mitglieder der Gesellschaft schützte.

Innere Konkurrenz – Einigkeit nach außen. Der Glaube an das Gesetz betonte und stärkte einen Stolz, der die gesamte politische Entwicklung der Griechen prägte. Ein griechischer Staat bestand aus einer Stadt und umliegenden Ländereien, die die Stadt mit lebenswichtigen Dingen versorgten. Jeder Staat entwickelte neben eigenen Sitten und Grundsätzen eine eigene Regierungsform. Infolgedessen war das Gefühl der Bindung an den eigenen Staat bemerkenswert stark ausgeprägt. Doch die Griechen kannten darüber hinaus eine zweite Form der Zugehörigkeit, die vielleicht unbestimmter und nicht immer vorrangig war, der sie sich letztlich aber nicht entziehen konnten. Obwohl sie miteinander in Streit lagen und sich

Aufeinanderfolgende Stile, die bei der Darstellung der männlichen Gestalt, eines der Hauptthemen griechischer Kunst, auftreten, werden hier gezeigt. Die Entwicklung begann mit der fast abstrakten Figur (1000 bis 700 v. Chr.), links, durchlief eine Periode monumentaler Figuren (700–500 v. Chr.), Mitte, und erreichte schließlich die fast naturalistisch zu nennende Darstellungsart der rechten Statue (500–300 v. Chr.). Die römische Kunst orientierte sich lange am griechischen Vorbild, bevor orientalische Elemente, vor allem durchs Christentum und andere orientalische Kulte angeregt, neue Akzente setzten.

Geometrische Periode

bekämpften, entwickelten sie nach außen hin doch ein starkes Zusammengehörigkeitgefühl. Sprachliche und religiöse Bande ließen sie in Zeiten der Gefahr zu einer Verteidigungsgemeinschaft werden. Zwar gründeten sie niemals einen Nationalstaat, so wie ihn die moderne Welt kennt. Dennoch bildeten sie einen starken Kontrast zu den Vielvölkerreichen Babylonien und Persien, in denen viele verschiedene Völker nicht auf Grund einer gemeinsamen Kultur oder gemeinsamer Ideale zusammengefaßt waren, sondern in denen die Gemeinsamkeit darin bestand, daß sie Untertanen des gleichen despotischen Herrschers und seiner Militärbürokratie waren. Wann immer die Griechen von einem fremden Feind angegriffen wurden, kämpften sie gegen ihn, um gleichermaßen ihr gemeinsames griechisches

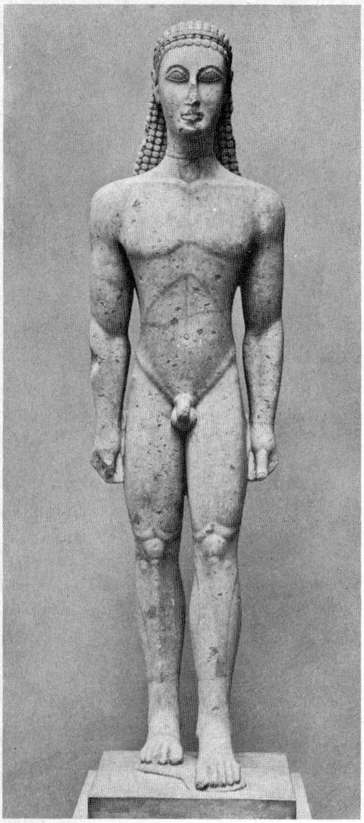
Archaische Periode

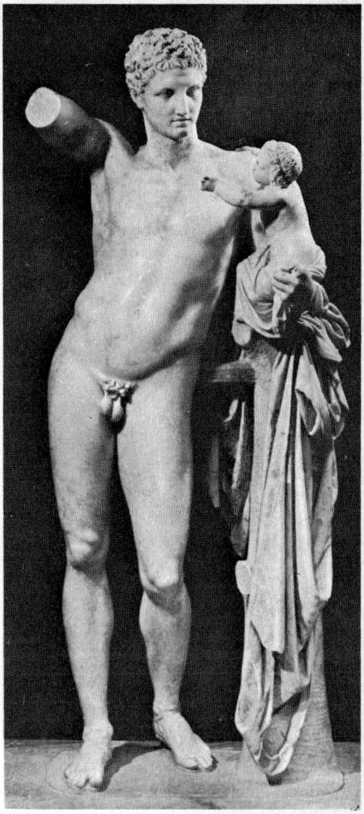
Klassische Periode

Erbe und ihre angestammte Freiheit zu verteidigen.

Leistungsvorstellungen. Der Sinn der Griechen für persönliche Leistung und das Gefühl, dazu verpflichtet zu sein, das meiste aus den naturgegebenen Anlagen zu machen, spiegelt sich in allen Bereichen des täglichen Lebens wider. Den Arbeiten, die sie nur mit der Kraft ihrer Hände verrichten konnten, widmeten sich die Griechen mit der gleichen Sorgfalt und Hingabe, mit der sie das Gefüge ihres politischen Lebens gestalteten. Prinzip der Griechen war: Lohnte es, eine Sache in Angriff zu nehmen, so hatte sie Anspruch darauf, gründlich und sorgfältig ausgeführt zu werden. Daher sind noch die Überreste der einfachsten griechischen Krüge von

Die Siegel, mit denen wohlhabene Männer des 5. Jahrhunderts v. Chr. Schriftstücke beglaubigten, waren Schnitzwerke, die oft Tiere darstellten. Diese Siegel, die ursprünglich in Quarz geritzt waren, hier aber als Gipsabdruck wiedergegeben werden, zeigen einen rastenden Reiher (Seite 14), einen angreifenden Stier (Seite 15 links oben), ein Rennpferd (Seite 15 links unten), einen springenden Delphin (Seite 15 rechts oben), einen Hirsch (Seite 15 rechts Mitte) und ein Schaf (Seite 15 rechts unten). Die Detailtreue und Genauigkeit in den Proportionen zeigen deutlich, wie hoch entwickelt die handwerklichen Fähigkeiten der griechischen Künstler waren.

bemerkenswerter Erlesenheit. Selbst so zweckgebundene Gegenstände wie Münzen sind kleine Meisterwerke der Reliefkunst in Gold und Silber.

Kunst und Handwerk. Man könnte fragen, warum so vieles der griechischen Kunst, das die Jahrhunderte nur zufällig überdauert hat — und deshalb das Schaffen der Griechen um so typischer kennzeichnet —, von so hoher Qualität und so gewissenhafter Ausführung ist. Die Antwort ist einerseits darin zu sehen, daß die griechischen Handwerker für einen ganz bestimmten Auftraggeber arbeiteten, statt in großen Mengen für ein anonymes Publikum zu produzieren. Die Auftraggeber (und dazu zählte

auch der Staat) wußten genau, was sie wollten, und bestanden darauf, es so zu bekommen.

Kunst und Handwerk sollten der Feuerprobe der Zeit standhalten und ihren Reiz auch für spätere Generationen bewahren. Andererseits waren die Griechen von dem Verlangen besessen, jeder ungeformten Materie, wie Felsen oder Ton im Rohzustand, Form zu geben. Nicht damit zufrieden, die Dinge so zu belassen, wie sie sie vorfanden, wünschten sie, sie umzuformen und zu gestalten. Aber sie gingen zuchtvoll zu Werke. Das Ergebnis ist das Maß an Ausgewogenheit und Vollkommenheit, das wir klassisch nennen.

In den großen Kunstformen wurde der Sinn für meisterhafte Ausführung besonders gefördert. Das kommt in der Bildhauerei am deutlichsten zum Ausdruck. Skulpturen waren dazu bestimmt, an öffentlichen Plätzen, hauptsächlich in Tempeln, aufgestellt zu werden und mußten den Göttern zur Ehre gereichen. Sie sollten Adel und Würde haben, mußten aber dennoch in den Rahmen alltäglicher Dinge passen, denn in ihnen waren die Götter nach griechischer Anschauung gegenwärtig. All das erklärt, warum die Griechen mit ihren besten Werken niemals auf gewaltsame, grobe oder groteske Wirkung bedacht waren. Statt dessen stellten sie Männer in der ganzen Kraft ihrer geschmeidigen, muskulösen Körper und Frauen im reichen Faltenwurf ihrer schönsten Gewänder dar.

Wo griechische Kunst, wie so oft, Tiere zum Gegenstand hat, zeigt sie angespannt witternde, lauschende Hunde, sich mit wilder Überlegenheit auf ihre Beute stürzende Löwen, Pferde in eleganter Bewegung. Diese Kunst fand ihr Material in der Realität, aber ihre Künstler fühlten, daß sie dem, was sie sahen, Ordnung und Ausgewogenheit verleihen mußten, um ihrem Stoff gerecht werden zu können. Was für die Skulptur galt, galt nicht weniger für kleinere Kunstformen, wie etwa der Ziermalerei auf Tonwaren. Allem gemeinsam war die unerschütterliche Überzeugung, daß die Kunst, das Allgemeingültige, Wesentliches zeigend, etwas Sichtbares verewigen soll.

Die Dichtkunst. Die Griechen waren ein Volk, dem die Scheu, über sich selbst zu sprechen, fremd war. Sie fanden Gefallen an Wörtern und machten hinreichend Gebrauch von der bewundernswert sinnreichen, ausdrucksvollen, anpassungsfähigen Sprache, die ihnen zur Verfügung stand. Bei den Griechen, wie bei vielen anderen Völkern auch, hatte die Verskunst den Vorrang vor der Prosa. Tatsächlich kam die Verskunst einer zweiten Religion sehr nahe. Sie wurde mit der gleichen Sorgfalt und Einfühlung betrieben, die man den bildenden Künsten zuteil werden ließ.

In der Dichtung gaben die Griechen einer reichen Lebenserfahrung unmittelbaren Ausdruck. Um die Vielfältigkeit dieser Erfahrung widerspiegeln zu können, erdachten oder vervollkommneten sie viele der uns heute bekannten dichterischen Formen. Es hat den Anschein, als habe das Heldenepos am Anfang gestanden: ein unpersönliches Erzählen aufregender und tragischer Begebenheiten in Versen. Eine persönlichere, gefühlsbetontere Dichtung, die zur Lyra gesungen wurde und deshalb Lyrik genannt wird, schloß sich daran an. Im Zenit ihres Schaffens brachten die Griechen Tragödie und Komödie hervor, wobei die Tragödie die verborgenen, nur schwer zu begreifenden Beziehungen zwischen Göttern und Menschen behandelte, die Komödie in spöttischem, rüdem Ton menschliche Schwächen in all ihren Formen ins Blickfeld rückte.

Wer sich intensiv mit der griechischen Literatur beschäftigt, wird finden,

Bei der Arbeit an einem Standbild bemalt ein Künstler eine Heraklesfigur mit dicker Wachsfarbe. Nahezu alle griechischen Skulpturen waren ursprünglich bemalt. Man muß sie sich bunt und farbenprächtig vorstellen.

daß sie bis heute nichts an Lebendigkeit und aktueller Aussage eingebüßt hat. Wir können uns der außergewöhnlichen Macht nicht entziehen, mit der Fragen von dauerhafter Dringlichkeit gestellt werden. Man könnte die griechische Literatur auf Grund ihrer technischen Fertigkeit bewundern; was uns jedoch fesselt, ist ihre Menschlichkeit, ihre Einschätzung menschlicher Werte. Sie behandelt bestimmte Fragen in einer allumfassenden Art und zieht uns in ihren Bann, indem sie nicht für diese oder jene Seite argumentiert, sondern eine Situation in ihrer Gesamtheit und mit all ihren Verstrickungen darstellt. Eine außergewöhnliche Unmittelbarkeit und Spontaneität machen den Ideenreichtum der griechischen Literatur unwiderstehlich. Und hinter alldem steht die lebendige Kraft von Menschen, die sich mit äußerster Redlichkeit und Leidenschaft bemühen, ihr Schicksal zu erkennen.

Grundlagen für die Wissenschaften. Die Künste waren nicht der einzige Bereich, auf dem sich die Griechen durch schöpferische Leistung auszeichneten. Die Beschaffenheit der gegenständlichen Welt regte ihre Wißbegierde an und ließ sie bemerkenswerte wissenschaftliche Hypothesen aufstellen. Vor ihnen hatten Ägypter und Babylonier bereits vieles von praktischem Wert auf den Gebieten der Astronomie und des Maschinenbaus hervorgebracht. Der einzigartige Beitrag der Griechen bestand darin, diese angewandten Wissenschaften mit einer theoretischen Basis untermauert zu haben. Sie suchten nach allgemeinen Prinzipien und wurden dabei nicht nur zu den Begründern der Naturwissenschaft, sondern auch der Philosophie (wörtlich: «Liebe zur Weisheit»). Für die Griechen standen beide Gebiete in engem Zusammenhang: beide waren Hilfsmittel, mehr über das Wesen der Dinge in Erfahrung zu bringen, und beide führten über Argument und Beweis von einer Hypothese zur anderen.

Wenn die praktisch veranlagten Griechen sahen, daß Schiffahrt nicht ohne Astronomie, Hausbau nicht ohne Kenntnis über Gewichts- und Druckverteilung möglich war, vermehrten und erweiterten sie dieses technische Wissen durch Theorien und allgemeine Prinzipien über das Wesen der Materie, des Raumes und der Bewegung. Diese Erkenntnisse wiederum drückten sie durch die Mathematik, speziell durch die Geometrie aus. Die Früchte dieser Arbeit ernteten sie dann oft auf anderen Gebieten: so gab etwa Pythagoras (um 580—um 500) der Musik eine solide Grundlage, indem er das gesetzmäßige Verhältnis zwischen Ton und Länge einer Saite herausfand, das nötig war, um eine sieben Töne umfassende Tonleiter zu schaffen.

Obwohl die Griechen die Wissenschaft auf einer theoretischen Basis betrieben, erkannten sie doch die Notwendigkeit von Beobachtung und Experiment. Als im 5. Jahrhundert v. Chr., angeregt durch den großen Arzt Hippokrates von Kos (um 460—um 375), die Medizin aufblühte,

Krüge dieser Art dienten zur Aufbewahrung und zum Transport von Wein oder Öl. Auch bei den Gegenständen des täglichen Gebrauchs spielte Künstlerisches eine entscheidende Rolle.

machte diese Wissenschaft das Sammeln von Angaben, aus denen Schlußfolgerungen gezogen werden konnten, zu ihrer vorrangigen Aufgabe. Demgemäß legte der griechische Arzt bei der Bestimmung von Krankheiten großen Wert auf die korrekte Beschreibung der Symptome und tat, hiervon ausgehend, was in seiner Macht stand, um eine Heilung zu bewirken. Natürlich steckte die Medizin noch in den Kinderschuhen, und die Ärzte waren eher imstande, ein Leiden zu diagnostizieren, als etwas dagegen zu tun. Aber auch das war bereits ein großer Fortschritt gegenüber der Frühzeit, in der man Krankheiten durch Amulette, Zauberformeln und ähnliches zu heilen versuchte. Auch in der Chirurgie waren die Anfänge primitiv. Aber nachdem die Griechen durch Tierversuche etwas über die Grundlagen der Physiologie in Erfahrung gebracht hatten, waren sie in der Lage, Knochenbrüche und Verrenkungen sowie Kriegsverwundungen – speziell Kopfwunden – zu behandeln.

Mag es auch ganz unmöglich sein, historische Schilderungen frei von persönlicher Beurteilung und Selektion zu halten, so läßt sich doch Geschichte tatsachenverpflichtet schreiben. Und wie die Griechen in der Naturwissenschaft um Nachprüfbarkeit bemüht waren, so entwickelten sie in der Geschichtsschreibung erstmals eine über Sagenbildung hinausgehende Methode. Die Tatsachen – ausgewählt und persönlich akzentuiert, gewiß – galten ihnen mehr als die Glorifizierung eines einzelnen oder die Mystifizierung der Geschichte überhaupt.

Die Rolle der Religion. Dem Bestreben der Griechen, der Wahrheit um ihrer selbst willen nachzugehen, stand keine strenge Theologie im Wege. Da die Griechen nicht an ein Glaubensbekenntnis gebunden waren, stand es ihnen frei, Fragen nach der Beschaffenheit der Dinge zu stellen. Solche Untersuchungen galten keineswegs als frevelhaft. Oft wurden sie als eine quasi-religiöse Betätigung betrachtet, da sie das wunderbare Wirken der Götter aufzeigten. Wie der Philosoph Xenophanes (6./5. Jh.) sagt: «Nicht von Anfang an haben die Götter den Sterblichen alles enthüllt, sondern allmählich finden die Menschen suchend das Bessere.» Thales von Milet (um 640 oder 624–545), ein durch und durch rationaler Denker, der für das Jahr 585 v. Chr. eine Sonnenfinsternis voraussagen konnte, betonte, daß «alles voll von Göttern» sei.

So fügten sich Kunst und Wissenschaft bei den Griechen auf das glücklichste in den Rahmen der Religion; tatsächlich bereicherte die Religion die Philosophie und die Dichtung, indem sie sie anregte und unterstützte. Wenn auch die griechischen Götter den Ansprüchen des modernen Denkens an Göttlichkeit oft nicht zu genügen scheinen, so ging von ihnen doch etwas Beeindruckendes aus. Sie waren in hohem Maße Verkörperung von Macht, sei es in der gegenständlichen Welt oder im Denken der Menschen. Von ihnen ging buchstäblich alles aus, Sichtbares wie Unsichtbares, und es war die Aufgabe der Sterblichen, den rechten Gebrauch von dem zu machen, was die Götter ihnen gewährten.

Der daraus resultierende Mangel an Dogmatismus beförderte aufs schönste das Interesse am Forschen und Formen, der im Mittelalter dann durch theologische, starre Definitionen gehemmt wurde. Die Griechen maßten sich nicht an, im voraus das Wißbare als göttliches Dekret zu kodifizieren; sie schätzten die Interpretierbarkeit der Welt höher ein als

Der Jockei, der ein Pferd antreibt – das Pferd ist nicht mehr erhalten –, ist eine Bronzefigur aus einer späten Periode griechischer Kunst. Sie zeigt eine Angespanntheit des Ausdrucks, die der klassischen Periode fremd ist.

die christlichen Theologen, die Giordano Bruno oder Galilei auf dem Gewissen haben.

Vielfalt als Ansporn. Um den Göttern nahezukommen, suchten die Griechen, eine unmittelbare Beziehung zu ihnen herzustellen. Sie weihten ihnen Gebete und Hymnen und brachten ihnen Opfer dar; sie riefen alle erdenklichen Orakel an; es gab zahllose Heiligtümer mit Götterbildern.

Die olympischen Götter in dieser Prozession sind (von links) Persephone, Hermes, Aphrodite, Ares, Demeter mit Weizenähren, Hephaistos, Hera mit Zepter, Poseidon mit seinem

Die Griechen hofften auf das Wohlwollen der Götter und sprachen von ihnen wie von Freunden. Es gab keine festumrissenen Glaubenssätze. Selbst so entscheidende Fragen wie die eines Lebens nach dem Tode wurden unterschiedlich beantwortet. Die Anschauungen reichten von der Annahme, die Toten seien körperlose Geister, bis zu der Vorstellung von einem Elysium jenseits des Meeres im Westen. Die Griechen glaubten an die Allgegenwart der Götter, und wenn dieser Glaube auch in Notzeiten, etwa im Kriege, besonders ausgeprägt war, so war er doch zu festlichen und freudigen Anlässen nicht minder stark. Die Griechen hielten die Götter für unendlich schöner, als es die Menschen jemals sein konnten. Sie erwarteten nicht, daß sich die Götter den Regeln menschlichen Zusammenlebens unterwarfen. Was zählte, war ihre Macht.

Weil die Götter die Quelle der Macht waren, wurde jede Form von Macht gepriesen, und man wünschte, im eigenen Leben Macht zu entfalten. Das galt im Krieg und in den Künsten, bei den athletischen Wettspielen und im Denken. Zeichnete sich ein Grieche auf einem dieser Gebiete aus, so machte er den rechten Gebrauch von den Gaben, mit denen ihn die Götter ausgestattet hatten. In eben dem Maße, in dem er diese Gaben entfaltete, kam er den Göttern näher. Das meint Aristoteles

Dreizack, Athene mit einem Speer, der Göttervater Zeus mit seinem Blitzstrahl, Artemis mit Bogen, Apoll.

(384–322) mit den Worten: «Wir müssen versuchen, unsterblich zu sein, soweit es in unserer Macht steht.» So standen die Griechen in einem ambivalenten Verhältnis zu ihren Göttern: sie waren begierig, so weit wie möglich den Göttern ähnlich zu sein, und wußten dennoch, daß Sterbliche ihnen nicht übergebührlich nacheifern durften, um nicht dem Hochmut zu verfallen, göttergleich zu sein.

Es stellte sich heraus, daß diese Ambivalenz von großem Nutzen war. Ihr entspringt die für die Griechen kennzeichnende Verbindung von Tatkraft und Mäßigung sowohl im Leben als auch in den Künsten. Während die Griechen mit Eifer jede Form des Handelns ausprobierten, mäßigten sie sich mit der Maxime: «Nichts im Übermaß». Als erstrebenswert priesen sie das Mittelmaß, ein Stadium zwischen zuviel und nicht genug. Es erübrigt sich, zu erwähnen, daß sie das Mittelmaß – nicht zu verwechseln mit Durchschnittlichkeit! – nicht immer erreichten. Aber es war ein Ideal und hat ihre Kultur stark geprägt.

2. Untergang und neuer Aufbruch

Die Griechen der historisch überlieferten Zeit, die um etwa 750 v. Chr. beginnt, hielten sich für Abkömmlinge eines legendären Heldengeschlechts. Diese Helden waren von gewaltigem Wuchs und erstaunlicher Tatkraft. Sie segelten bis ans Ende der Welt, um ein goldenes Schafsfell zu erlangen, bekriegten die Trojaner zehn Jahre lang wegen einer schönen Frau, und einer von ihnen reinigte riesige, unglaublich schmutzige Ställe ganz allein an einem einzigen Tag. Jahrhundertelang haben Gelehrte diese Helden und ihre Abenteuer für reine Erfindung gehalten, aber wir wissen heute, daß sie einer realen Basis nicht völlig entbehren.

Kreta. Seit nahezu einem Jahrhundert erbringen Archäologen Beweise für eine blühende Kultur, die zwischen 1600 und 1200 v. Chr. ihren Höhepunkt erreichte. Der Mittelpunkt dieser Kultur war die Stadt Mykenä, die Heimat des Königs Agamemnon, der die Achäer (der alte Name für die Griechen) in den Trojanischen Krieg führte. Diese verloren geglaubte mykenische Welt ist ihrem Ursprung nach eine Weiterentwicklung der noch älteren, strahlenden minoischen Kultur Kretas, das die Ägäis von etwa 1600 bis 1400 v. Chr. beherrschte. Die Minoer waren ein lebhaftes, sinnenfreudiges, dem Genuß zugetanes Volk. Sie liebten strahlende Farben, komplizierte Spiele (sie kannten eine Art Halma) und geschmackvolle Kleidung. Ihre manchmal fünf Stockwerke hohen Häuser hatten Lichtschächte und in das Bauwerk eingelassene Terrassen. Die sanitären Einrichtungen in ihren Palästen – sie waren mit einem Leitungssystem versehen und hatten sogar Toiletten mit Wasserspülung – waren von einem Grad der Vollkommenheit, der bis in die viktorianische Zeit unerreicht blieb. Einige dieser baulichen Fertigkeiten, wenn nicht sogar alle kulturellen Feinheiten, wurden von ihren mykenischen Erben übernommen.

Die mykenischen Erben. Die Mykener waren grandiose Baumeister. Sie umgaben ihre Paläste mit gewaltigen Festungen, deren Wälle bis zu

Diesen Kriegsgott zeigt ein Fries in Delphi, der die Geschichte einer Feldschlacht zwischen Göttern und Menschen erzählt. Kriegerische Motive sind nicht selten in der griechischen Kunst. Thema ist oft die Tapferkeit, unreflektierte Heldenverehrung findet sich kaum. Die tragische Seite des Krieges wurde durchaus erkannt und nicht der Propaganda geopfert.

Pharao Ramses III. ist auf einem Steinturm eines Tempels am Nil bei der Abwehr von Feinden dargestellt, die Ägypten zu Beginn des 12. Jahrhunderts v. Chr. angriffen. Diese Periode, in der dorische Eindringlinge Griechenland verheerten, ist durch den Verfall großer Reiche gekennzeichnet. Trotz der Siege des Ramses verlor Ägypten langsam seine Vorrangstellung im Mittelmeerraum. In Kleinasien wurden die Hethiter gestürzt. Unter den zahlreichen kleinen Nationen, die in diesem Machtvakuum aufstiegen und aufblühten, waren Phönizien, dessen Händler Karthago gründeten, und das hebräische Königreich, das in der Zeit von 1005–925 v. Chr. unter der Herrschaft Davids und Salomos seine größte Macht entfaltete.

drei Metern dick waren. Einige Königsgräber sind riesige bienenkorbähnliche Bauten aus Steinen, die bis zu 120 Tonnen wiegen. Darüber hinaus muß Mykenä unermeßlich reich an Edelmetallen gewesen sein. In mykenischen Gräbern fand man Totenmasken und Brustpanzer aus Gold, bronzene Schwerter und Dolche, goldene und silberne Trinkgefäße, Ringe und Diademe aus Gold und dünne Goldfolien, die den Körpern zweier Kinder königlicher Abstammung als Totenhülle dienten. Auf Grund der Funde in den Gräbern läßt sich auch einiges über das Aussehen dieser Menschen sagen. Sie waren größer und breitgesichtiger als die Minoer; die Männer trugen Schnurrbärte, gelegentlich Vollbärte. An einem Leichnam ließen sich die Symptome eines Gallensteinleidens feststellen – eine Diagnose, die auf eine reichhaltige Nahrung schließen läßt. Der Schädel eines anderen Leichnams, der einen Bruch aufwies, war kunstgerecht trepaniert worden, und gibt uns den frühesten Beleg eines chirurgischen Eingriffs dieser Art in Europa.

Zur Vollstreckung von Entscheidungen stand einem mykenischen König und seinem Hof ein Verwaltungsapparat zur Verfügung, der sich — in abnehmender Rangfolge — aus militärischen Führern, Verwaltungsbeamten, Wagenlenkern und Bürgermeistern der angrenzenden Dörfer zusammensetzte. Die Aufzeichnungen dieser wirkungsvollen Bürokratie sind erhalten. Archäologen haben Protokolle über Steuereinschätzungen, Landbesitz, Vorräte an landwirtschaftlichen Produkten und Bestände an Sklaven, Pferden, Wagen und Wagenteilen gefunden («ein Paar silberbeschlagene Räder, ein Paar bronzebeschlagene Räder, nicht verwendungsfähig»).

Diese Protokolle, niedergelegt auf Tontäfelchen in einer Schrift, die erst kürzlich dechiffriert werden konnte (und von Gelehrten Linear B genannt wird), verzeichnen mehr als hundert verschiedene mykenische Berufe, unter anderem Goldschmiede, Schiffbauer, Maurer, Bäcker, Köche, Holzfäller, Boten, Hafenarbeiter, Ruderer, Sattler, Schäfer, Trockenreiniger, Ärzte, Herolde, Töpfer, Förster, Tischler, Bogenmacher, Weber, Bademeister und Salbenkocher.

Zusammenfassend kann man sagen, daß die Mykener ein hochzivilisiertes, tatendurstiges Volk waren, würdige Nachfolger der Minoer. In einem maßgebenden Punkt jedoch unterschieden sie sich von den friedliebenden Minoern: Ein vorrangiges Gewerbe der Mykener scheint der Krieg oder, um es ungeschminkter zu sagen, die Straßenräuberei und die Piraterie gewesen zu sein. Auf ihren Kriegszügen gelangten die Mykener 1300 Jahre vor Christi Geburt in abenteuerlicher Mission zu entlegenen Schauplätzen. Nach hethitischen Aufzeichnungen — die Hethiter herrschten von einer Festung östlich des heutigen Ankara aus über ein mächtiges Reich in Kleinasien — wurde die Küste Kleinasiens Mitte des 13. Jahrhunderts v. Chr. von Banden plündernder Achäer heimgesucht. Auf einem ausgedehnten Feldzug belagerten sie die Stadt Troja in einem Krieg, der der Sage nach um die geraubte Prinzessin Helena entbrannt war und zehn Jahre dauerte.

Die Dorer. Und dann, weniger als ein Jahrhundert später, erlebte diese kräftige, strahlende Kultur ein schreckliches Ende. Sie wurde durch aufeinanderfolgende Einfälle weit weniger zivilisierter Griechen aus dem Norden, Dorer genannt, ausgelöscht. Für die Dauer von 450 Jahren, zwischen 1200 und 750 v. Chr., versank die griechische Welt in ein «dunkles Mittelalter», aus dem nur vereinzelt Sagen und unbedeutende Kunstzeugnisse überliefert sind.

Die Dorer überfielen die mykenischen Städte zu einem Zeitpunkt, als die Mykener durch Kriege geschwächt waren. Nach der Zerstörung der Städte setzten sich die Eroberer in den ausgebrannten mykenischen Palästen fest und dachten nicht daran, sie wieder aufzubauen. Das Urkundenwesen verfiel, und die Kunst des Schreibens verkümmerte. Das Handwerk verflachte in kurzer Zeit. Meisterhaft gearbeitete Bronzewaffen wurden durch gröbere (aber wirkungsvollere) Eisenwaffen ersetzt. Der (für Archäologen so ergiebige) Brauch, Tote in prächtigen Gräbern beizusetzen, wurde weitgehend aufgegeben. Statt dessen wurden die Toten ohne jedes Zeremoniell verbrannt.

Die straff organisierte mykenische Gesellschaft wurde durch den Einfall der Dorer völlig aufgelöst. Die Mykener irrten enteignet und ziellos umher. Das Chaos wurde durch die Züge der Eroberer noch vergrößert. Doch diese Züge waren zielbewußt. Mit der Plünderung der mykenischen Städte nicht zufrieden, drängten die Dorer nach Süden und nahmen die Lakonische Ebene in Besitz. Vom Festland aus segelten sie über das Mittelmeer nach Kreta und unterwarfen es. Rhodos und die benachbarten Inseln lagen nur eine kurze Schiffsreise von Kreta entfernt. Sie alle erlitten das gleiche Schicksal.

Anzeichen für einen Neubeginn? Das war das «dunkle Mittelalter» Griechenlands. Die alte mykenische Kultur überlebte nur in spärlichen Resten — auf der Insel Zypern, in den Bergen von Arkadien und in Attika, zusammengedrängt um die kleine Stadt Athen. Der Großteil der achäischen Welt zerfiel. Und nicht nur antiquierte Traditionalismen, feudale Strukturen gingen dabei unter, sondern auch das Instrumentarium (Schrift, Organisation, Wissen usw.) einer blühenden Kultur. Hesiod, einer der frühesten und bekanntesten griechischen Dichter, lebte gegen Ende dieser Periode. Er beschrieb diese Zeit ausführlich in der Hoffnung, er könne die Griechen dazu bewegen, diese Lebensform der Unsicherheit und des Faustrechts aufzugeben. Für Hesiod verkörperte die mykenische Zeit alles Schöne und Gute. Seine eigene Zeit dagegen war durch negative Merkmale wie Gewalt, Brutalität, Intoleranz und Gleichgültigkeit, Diebstahl, Betrug und Lüge gekennzeichnet:

Nicht wird der Gast dem Gastfreund, der Bruder dem Bruder, Gefährte
Nicht dem Gefährten lieb dann noch sein, so wie es doch einst war.
Bald verweigern sie dann den greisen Eltern die Ehren,
Werden sie tadeln mit schlimmen, mit scheltenden Worten, die Argen,
Weil sie den Mahnblick der Götter nicht kennen, und solche Gesellen
Werden den greisen Eltern den Lohn der Erziehung versagen.

In den ersten Jahrhunderten nach dem Untergang der mykenischen Kultur wuchsen die Städte mit den umliegenden Weilern und Höfen zu in sich geschlossenen sozialen Einheiten zusammen. Die Grenzen verschoben sich fortlaufend, und das geringe Maß an Ordnung, das aufrechterhalten wurde, war militärischen Ursprungs: Die Stadt war in Wirklichkeit eine Garnison, die von einem Kommandanten und seinen Hauptleuten regiert wurde. Nach und nach festigten sich die Grenzen entlang natürlicher Grenzlinien; und war eine Stadt imstande, diese Grenzen zu verteidigen, so überlebte sie und bildete mit den umliegenden Landstrichen ein unabhängiges Gemeinwesen, einen Stadtstaat. Aus Militärregierungen wurden Erbmonarchien. Die Könige regierten durch die Gnade der Götter und galten als deren Abkömmlinge. Ein König war zugleich höchster Priester und Staatsoberhaupt seines Gemeinwesens. Einige asiatische Könige verlangten, als Götter angesehen zu werden; orientalische Herrscher forderten absolute Macht. Nirgendwo in Griechenland hat ein König jemals diese Ansprüche erhoben.

Parallel zu einem wachsenden Sinn für städtische Unabhängigkeit entwickelten sich gewisse übereinstimmende Kulturformen, die über Grenzlinien und lokalgebundene Stile der Kleidung, der Dekoration und der Sprache hinauswiesen. Die Griechen fanden sich bereit, voneinander zu lernen, Ansichten und Erfahrungen auszutauschen. Manche teilten technische Fertigkeiten, andere Geschmacksrichtungen. Der Name, den sie sich selbst gaben — Hellenen —, stammte aus dem griechischen Mittelalter. Die griechische Keramik begann trotz regionaler Abweichungen, einen spezifisch hellenischen Charakter anzunehmen. Von großer Bedeutung in diesem Zusammenhang ist die gemeinsame Sprache, die es ihnen trotz verschiedener Dialekte ermöglichte, sich einander verständlich zu machen. Aus diesen tastenden Anfängen gingen die Hauptzüge hervor, die schließlich die hellenische Kultur prägen sollten — die geistige und politische Freiheit, der Sinn für kulturelle Einheit.

Athen und Sparta. Nicht alle Teile Griechenlands reagierten auf den Angriff der Dorer in der gleichen Weise oder überlebten diese den Untergang verkörpernde Zeit in derselben Art. Von großer Tragweite war die Frühgeschichte von zwei der einflußreichsten Stadtstaaten. Merkwürdigerweise war einer der beiden zu Beginn dieser Epoche nicht sehr bedeutend, der andere hat in mykenischer Zeit vielleicht nicht einmal existiert. Dessenungeachtet schufen die Ereignisse des griechischen Mittelalters in Athen und Sparta die Voraussetzungen für die Rollen, die diese beiden Städte im Goldenen Zeitalter Griechenlands spielen sollten — und paradoxerweise liegen hier bereits die Gründe für das Ende dieser großen Epoche. Sparta ist von den Dorern an einem Platz angelegt worden, wo vorher vielleicht ein kleines Dorf gewesen war. Es sollte auch späterhin in seinem Charakter wesentlich dorisch bleiben. Athen wehrte die Dorer ab und wurde damit zum Zufluchtsort der vor den Eindringlingen flüchtenden Mykener. In der übervölkerten Stadt wurden Elemente der glänzenden Vergangenheit bewahrt, die eines Tages zu Grundsteinen einer ruhmreichen Zukunft werden sollten. Jahrhunderte später verkörperten Athen und Sparta entgegengesetzte Philosophien im griechischen Leben — geistige und poli-

Die griechische Landschaft, hügelig bis gebirgig, stellenweise sehr unwegsam, förderte die Entwicklung zahlreicher autonomer Stadtstaaten auf engstem Raum. Unser Bild wurde am Fuße des Arakhnaion-Gebirges aufgenommen, das einst die Gebiete von Epidauros und von Argos trennte.

tische Freiheit und unerbittliche militärische Disziplin standen einander gegenüber.

Militärlager und kulturelles Zentrum. Als die Dorer sich in Sparta niederließen, legten sie es als militärisches Lager an. Diesen Charakter behielt die Stadt, bis die benachbarten Siedlungen in der Lakonischen Ebene unterworfen waren. Dann wurde Sparta eine Zeitlang zu einem der strahlendsten Zentren der gegen Ende des griechischen Mittelalters aufblühenden Kultur. Es brachte erlesene Töpferarbeiten hervor und war bekannt für seine Sing- und Tanzspiele. Als aber militärische Belange wieder vorherrschend wurden, verschwand all das, und Sparta, zu dieser Zeit einer der bedeutendsten Stadtstaaten, fiel in seine frühere Haltung

zurück. Die Bürger wurden zu Schachfiguren des Staates, die von ihrer Geburt bis zu ihrem Tode einer strengen Kontrolle unterlagen. Vom siebten Lebensjahr an wurden die Kinder auf den Krieg vorbereitet. Sie lernten nicht nur mit Waffen umzugehen, sondern wurden darüber hinaus dazu erzogen, körperliche Strapazen zu ertragen und sich der Disziplin bedingungslos zu unterwerfen. Ein Familienleben gab es praktisch nicht. Die Männer nahmen ihre Mahlzeiten gemeinsam ein, konnten vor ihrem 20. Lebensjahr nicht heiraten und durften bis zu ihrem 30. Lebensjahr (es sei denn heimlich) nicht mit ihren Frauen zusammen leben. Hatten sie das 30. Lebensjahr überschritten, so war es ihnen gestattet, einen Haushalt zu führen, ihre Kinder jedoch gehörten dem Staat. Selbst zu Zeiten, in denen der Staat keiner unmittelbaren Bedrohung ausgesetzt war, blieb

Sparta in seiner Einstellung konservativ und machte äußerste Einfachheit zu einer Tugend.

Die Ionier. Athen, durch seine natürliche Lage auf der felsigen Akropolis begünstigt, vermochte die dorischen Eindringlinge abzuwehren. Danach strömten Flüchtlinge anderer mykenischer Städte, darunter die Königsfamilie von Pylos, nach Athen und dem umliegenden Attika. Bald wurde die Bevölkerung zu groß für den vergleichsweise beschränkten Raum, der zur Verfügung stand. Aber Attika verfügte über einige hervorragende Häfen, darunter den Piräus, der nur acht Kilometer von Athen entfernt lag. Um 1100 v. Chr. begann die Emigration. Griechen segelten auf die Ägäis hinaus und fanden auf den ägäischen Inseln und an der Westküste Kleinasiens eine neue Heimat. Diese griechischen Auswandererkolonien im ägäischen Raum wurden später Ionien genannt.

Die ersten griechischen Kolonien waren auf Naxos, Chios und Samos. Kolonien auf dem Festland folgten. Der Boden war reich, an der Küste gab es viele Häfen, und Flüsse wie der gewundene Mäander öffneten dem Handel und einer weiteren Ausdehnung den Weg ins Landesinnere. Nicht überall wurden die griechischen Kolonisten von der Urbevölkerung freundlich aufgenommen. Das veranlaßte die Griechen, ihre Städte mit starken Wällen zu umgeben. Diese Vorsichtsmaßnahmen kamen ihnen schließlich zugute, denn als die Kolonien aufblühten, erwuchs ihnen in den Kimmeriern und Lydern, die nacheinander die Hethiter in Kleinasien verdrängt hatten, eine neue Bedrohung. Trotz allem lebten die Ionier unter sehr viel günstigeren Bedingungen als die Griechen auf dem Festland. Wenn sie auch nicht hoffen konnten, die alte mykenische Welt wieder aufleben zu lassen, so hatten sie doch alle Möglichkeiten, eine neue Kultur hervorzubringen.

Wie alle Emigranten waren sich die Ionier ihrer Bindung an die Heimat in außerordentlichem Maße bewußt. Unter ihren Führern waren Prinzen alter mykenischer Abstammung. Sie sprachen eine abgewandelte Form des in Attika gebräuchlichen Griechisch. Sie hielten an den Zeremonien und sozialen Systemen der Heimat fest und verehrten die gleichen Götter wie die Griechen auf dem Festland. Ihre Häuser bauten sie nach der traditionellen griechischen Art: ein Raum mit dem Herd als Zentrum. Ihre mit geometrischen Mustern geschmackvoll verzierten Tonwaren waren Athener Produkten nachgebildet. Das bedeutendste jedoch war, daß die Ionier

Das Foto wurde in der Gegend zwischen Sparta und Kalamata aufgenommen. Hier setzten die Spartaner die Kinder aus, die ihnen für den Militärdienst zu schwach schienen. Kriegerische Tauglichkeit war für die Spartaner der entscheidende Maßstab für den Wert männlicher Nachkommen.

die aus der griechischen Frühzeit überkommenen epischen Gesänge und Sagen bewahrten.

Das Epos. Die Epen waren von entscheidender Bedeutung für die griechische Kultur. In der Frühzeit der griechischen Geschichte dienten sie der Unterhaltung und der Zerstreuung. Für die Griechen der vorliterarischen Zeit erfüllten die Epen zudem besondere Funktionen, die für ihr Überleben unentbehrlich waren. Später sollten sie als ein starkes Element in Kunst und Literatur der westlichen Welt weiterleben. Es ist daher angemessen, die Darstellung hier zu unterbrechen, um das Wesen des griechischen Epos in einigen Einzelheiten aufzuzeigen und um über den größten der Sänger zu sprechen, der sie verfaßte — Homer.

Für die Griechen, denen es darum ging, eine versunkene Glanzzeit wiederaufleben zu lassen, waren die epischen Gesänge zugleich Unterhaltung, lebendige Geschichte und Erinnerung an eine Zeit, als das Wort «griechisch» gleichbedeutend gewesen war mit stark und tapfer, erhaben und zu ungeheuren Leistungen fähig. Typische menschliche Situationen und das Wirken der Götter spiegelten sich in den Schilderungen, die gleichermaßen belehren und unterhalten sollen. Die Sagen selbst gaben nur den Rahmen ab zu dem, was der Sänger aus dem Stegreif hinzufügte. Diese Einschübe waren auf die Bedürfnisse und Anschauungen einer besonderen Zuhörerschaft abgestimmt. Nachfolgende Generationen von Sängern entwickelten eine Technik, die sich im wesentlichen auf eine große Anzahl festgelegter Formen stützt. Vor allem bekam jede Sage einen festen Umriß und eine Gruppe von Charakteren, die ihrem Namen und ihrem Wesen nach immer sehr ähnlich waren. Es gab weiterhin festgelegte Beschreibungen für gewisse wiederkehrende Orte und Ereignisse. Dazu gehörten auch die herkömmlichen sprachlichen Bilder. Den Sängern stand ein riesiger Schatz an Wendungen zur Verfügung, die automatisch in den Vers eingingen: «weindunkles Meer», «weithinschattende Lanze», «hingestreckter Tod», «rosenfingrige Morgenröte», «eherner Himmel».

Göttermythen. Das Epos entlehnte seine Stoffe verschiedenen Kreisen von Sagen und Mythen: Einige handelten von Göttern, andere von Göttern und Menschen und wieder andere von Menschen allein. Als sich die Sänger im griechischen Mittelalter anschickten, sie zu vervollkommnen, waren die Mythen eine Möglichkeit, Fragen nach dem Wesen des Menschen und nach der Ordnung des Kosmos einem Publikum zu beantworten, das außerstande war, sie wissenschaftlich zu durchdenken. Die Mythen machten abstrakte Begriffe verständlich, indem sie sie in ihren Auswirkungen auf wirkliche Menschen in wiedererkennbaren Situationen darstellten.

Die ursprüngliche Aufgabe der Göttermythen war es, religiöse Probleme, wie Veränderungen, die auftraten, wenn ein Göttergeschlecht durch ein anderes verdrängt wurde, zu erklären. Die Ablösung der minoischen durch die griechischen Götter auf dem Olymp beispielsweise wird durch den Mythos erklärt, der von dem erbarmungslosen Kampf zwischen Zeus, dem Herrscher über die olympischen Götter, und seinem Vater Kronos erzählt. Es gelingt Zeus schließlich, seinen Vater zu überwältigen und ihn in den Tartarus, die antike Hölle, zu stürzen.

Die Göttermythen beschäftigen sich nicht ausschließlich mit der Genealogie der Götter. Manche erklären, wie und warum die Götter die Natur beherrschen. Der Mythos des Hades erzählt, warum die Jahreszeiten wechseln.

Hades, Gott der Unterwelt, verliebt sich in Persephone, die Tochter der Fruchtbarkeitsgöttin Demeter, und entführt sie in sein Königreich. Solange jedoch Demeter sich grämt, gedeiht nichts auf der Erde. Daraufhin verwenden sich andere Götter für sie bei Hades, der schließlich einwilligt, daß Persephone die Unterwelt verlassen darf, um einen Teil des Jahres bei ihrer Mutter zu verbringen.

Sagen. Andere Sagen kommentieren die Taten der Sterblichen. In der Ödipus-Sage kristalliert sich ein uns bekanntes psychisches Phänomen, das unbewußte Verlangen des Knaben, den Platz des Vaters in der Liebe der Mutter einzunehmen. Viele Sagen über Götter und Menschen umschreiben eine moralische Maxime: Bellerophon erlangt mit der Hilfe der Götter ein Flügelroß, und voll Stolz versucht er, auf den Olymp zu fliegen. Seine Vermessenheit wird bestraft. Er wird hinuntergestürzt und irrt bis ans Ende seiner Tage gelähmt und verlassen umher. Tantalus muß ewigen Hunger und Durst leiden, da er den Göttern, die ihm sehr geneigt waren, bei einem Mahl das Fleisch seines eigenen Sohnes reichte. Wieder andere Sagen sind letztlich durch die mündliche Tradition veränderte und phantasievoll ausgeschmückte Darstellungen historischer Ereignisse. Sie sind handlungsreich, überraschen durch unerwartete Wendungen des Geschehens, durch Gewalttat und Leid in schnellem Wechsel. Ihre Thematik ist weitgespannt, denn die Griechen schreckten vor keinem Gegenstand zurück, wie furchtbar und abscheulich er auch sein mochte. Auch gaben sie wenig auf glückliche Ausgänge, sondern zogen es vor, von tapferen Männern zu hören, die dem Untergang geweiht waren. Die Vorliebe der Griechen für derartige Stoffe erklärt sich mit großer Wahrscheinlichkeit aus den eigenen harten Lebensbedingungen.

Gelegentlich enthalten die Sagen Anflüge von Mitgefühl und Romantik: Perseus rettet Andromeda vor einem Seeungeheuer am Ende der Welt; Alkestis erbietet sich, an Stelle ihres Gatten Admet zu sterben, als dessen Lebenszeit abgelaufen ist. Unter Tränen nimmt Admet ihr Angebot an und läßt Alkestis prunkvoll beisetzen.

Die bizarren «Säulen» von Meteora, in Jahrhunderten von Wind und Wasser geformt, sind zwischen 25 und 90 Meter hoch. Die Griechen glaubten, dies seien

Felsen, die die Götter im Zorn auf die Erde geschleudert hätten.

Zehn Jahre tobte der Kampf um Trojas Mauern. Die Ilias Homers behandelt knapp sechs Wochen des letzten Kriegesjahres. Niemand hatte glauben wollen, daß in einem Epos Hinweise für die genaue Lage der Stadt zu finden sein könnten. Lange hatte man vergeblich nach Troja gesucht, mancher bezeichnete die Geschichte des trojanischen Krieges als

Die meisten Sagen sind reich an anekdotischem Beiwerk. Diese Anekdoten sind voll von traditionellen Lehren und Anschauungen, die wenig oder gar nichts mit der Hauptaussage zu tun haben, aber dennoch ein bedeutender Zusatz zur Aussage sind. Wie alle Volkserzählungen übten diese Anekdoten einen unmittelbaren Reiz auf die Zuhörerschaft aus und trugen dazu bei, daß ihre Aufmerksamkeit und ihre Aufnahmebereitschaft nicht nachließ. Aber im Gegensatz zu anderen Völkern, bei denen sich Volksweisheiten zu eigenständigen Fabeln verdichteten, zogen die Griechen Geschichten von Menschen vor. Solche Erzählungen standen ihnen näher und entsprachen ihren eigenen Problemen. Darüber hinaus fügten sie sich zwanglos in den Rahmen der Lebensgeschichte des umherirrenden Helden vom Typ des Odysseus, dessen Geschichte eine lange Kette von Abenteuern ist.

pures Phantasiegebilde. Bis Heinrich Schliemann (1822–1890) 1870 auf dem Hügel Hisarlık zu graben begann. Nahezu einzige Orientierungshilfe war für ihn Homers episches Werk. Was Schliemann fand, bestätigte nicht nur die Schilderungen des Dichters, es bereicherte sie. – Hier ein Bild der Ausgrabungsstätte, wie sie heute aussieht.

Homer. Diese schöpferische Sagen- und Gesangstradition erreichte ihren Höhepunkt in der zweiten Hälfte des 8. Jahrhunderts v. Chr. mit Homer und seinen beiden großen Heldenepen, der *Ilias* und der *Odyssee.* Über Homer selbst ist wenig bekannt. Man vermutet, daß er in Smyrna geboren wurde und im ionischen Kleinasien lebte. Enge Beziehungen hatte er zur Insel Chios.

Seine beiden Meisterwerke markieren den Beginn der europäischen Literatur. In den Epen des griechischen Mittelalters fand Homer seine Stoffe und eine metrische Form, die später das Versmaß aller epischen Dichtung in Griechenland wurde, den daktylischen Hexameter. 2600 Jahre später nannte der britische Dichter Alfred Lord Tennyson (1809–92) dieses Metrum «das erhabenste Versmaß, das je von den Lippen eines Menschen geformt wurde». Der Rhythmus des Altgriechischen ergab sich jedoch nicht aus dem Wechsel von betonten und unbetonten Silben, sondern aus der unterschiedlichen Länge der einzelnen Silben. Daher ist es unmöglich, den griechischen daktylischen Hexameter wahrheitsgetreu im Deutschen wiederzugeben. Rudolf Alexander Schröder (1878—1962) kommt diesem Versmaß in seiner Homer-Übersetzung vielleicht am nächsten.

Die homerischen Epen sind weit mehr als nur großartige Dichtung. Die *Ilias* und die *Odyssee* wurden die Quellenbücher der griechischen Religion. Nachfolgende Generationen sahen in Homer den Begründer der Geschichtsschreibung, der Philosophie, des Dramas, der Dichtkunst und der Naturwissenschaft. Seine Themen waren eine unausschöpfliche Quelle der Inspiration für griechische Künstler und Redner. Für uns heute ist sein Werk ein faszinierendes Dokument. Er schildert die griechische Welt, wie sie zu seinen Lebzeiten war und wie sie in mykenischer Zeit gewesen sein mag.

Homer hat den durch Jahrhunderte überlieferten Sagen, die ihm als Stoffvorlage dienten, sehr viel Eigenes hinzugefügt. In beiden Epen werden das Hauptthema und die individuellen Episoden sehr viel feinfühliger und einsichtiger als in vergleichbaren Sagen behandelt. Homer übernahm die primitiven Erzählungen von Ungeheuern, Kannibalen und tollkühnen Wagnissen, beseelte sie dann jedoch mit einer großmütigen und gütigen Sicht des Lebens. In früheren Fassungen der Erzählung war Achill zweifellos ein gewaltiger Krieger, der seinen Feind Hektor tötete und den Leichnam dann zum Zeichen des Triumphes verstümmelte. Homers Achill hingegen läßt sich dazu bewegen, den Leichnam an Hektors Vater Priamos auszuliefern. Ähnlich gibt es viele alte Erzählungen von einem umherirrenden Helden, der ans Ufer gespült und von einer Prinzessin gerettet wird, die er dann heiratet. Homers umherirrender Held, Odysseus, wird ebenfalls von einer bezaubernden Prinzessin, Nausikaa, gerettet, aber er heiratet sie nicht. Odysseus ist bereits verheiratet, und so entwickelt sich eine rührende Freundschaft zwischen dem schiffbrüchigen Helden und dem jungen Mädchen.

Alle Charaktere Homers, selbst die, denen er wenig Aufmerksamkeit schenkt — Schweinehirten, einfache Soldaten, Dienstfrauen, unwürdige Freier einer reichen Dame —, sind wahrhaftig und überzeugend. Jede Episode spiegelt die unausschöpfliche Vielfalt menschlicher Verhaltensweisen wider. Nur selten fällt Homer ein Urteil, nie drängt er dem Leser eine Meinung auf. Seine Charaktere sprechen für sich selbst. Seine Gönner wünschten wahrscheinlich nichts weiter als Erzählungen über Heldentaten. Er aber stellte ihnen die Welt in ihrer Gesamtheit dar: Er singt von den Göttern und ihren Aufgaben, von Männern und Frauen, die den Weg ihres vorausbestimmten Schicksals gehen; die Szenen, die er schildert, reichen von grimmiger Vergeltung bis zu lärmender Posse; er beschreibt

Das Bild ist ein Auszug aus einem Fries aus gräulichem, blatternarbigem Sandstein, der im Kunsthistorischen Museum in Wien aufbewahrt wird. Der Fries, der aus dem frühen 4. Jahrhundert v. Chr. stammt, wurde vor einem Jahrhundert an den Wänden eines Grabgewölbes in Gjölbaschi an der Mittelmeerküste der heutigen Türkei gefunden. Unser Ausschnitt zeigt einen vor Troja kämpfenden Griechen.

Mythos und Wirklichkeit sind in diesen Bildern gegenübergestellt: Oben eine Aufnahme des Berges Phengari, dem höchsten Punkt auf der Insel Samothrake im Thrakischen Meer. Auf diesem Berg, glaubten die Griechen, saß der Meeresgott Poseidon und wachte über die griechische Flotte vor Troja. Mit seinem Wagen kam er den Belagerern bei trojanischen Angriffen zur Hilfe. – Rechts wieder ein Ausschnitt aus dem Fries von Gjölbaschi: Der Tod eines Soldaten. Entwaffnet und kampfunfähig erwartet er den Todesstoß. Wie alle Kultformen, bot auch die griechische Erklärungen für das Phänomen des Todes und Antworten auf die Fragen nach dem Jenseits an. Sie waren, wie fast überall, bestimmt vom Lohn-Strafe-Denken. Dem Heldentod kam besonderer Wert zu. Der Künstler des Frieses widerstand hier allerdings der Versuchung zu idealisieren; das Elend des Sterbenden berührte ihn mehr.

Paläste und Gärten, entlegene Inseln und felsige Gestade. Hinter jeder Erzählung steht die Vorstellungskraft eines Dichters, der die Menschen so sieht, wie sie wirklich sind, der versteht, warum sie so und nicht anders handeln, der sie auch dann, wenn sie schlecht sind, mit Einsicht porträtiert und sie mit Wärme und zarter Zuneigung zeichnet, wenn sie gut sind.

Die Blüte Ioniens. Mit Homer erreichte der neue Geist, der in Ionien aufblühte, seinen Höhepunkt. Doch dieser neue Geist manifestierte sich auch in anderen Bereichen. In den bildenden Künsten beschritten Töpfer, Metallschmiede und Holzschnitzer neue Wege. Kleine Figuren aus Ton und Bronze begannen, den Körper in der Bewegung anzudeuten: Der Faltenwurf war noch stilisiert, aber man ahnt bereits den darunterliegenden Körper. Die Tempel wurden mit Holzskulpturen ausgeschmückt, und als die griechischen Seeleute und Händler sich in entferntere Gebiete wagten, brachten sie prachtvolle Juwelen, herrliche Schmuckstücke aus Gold und kunstvoll geschnitztes Elfenbein mit.

Die griechische Heimat begann bald, die Kunst- und Gebrauchsgegenstände der Ionier nachzuahmen, und trat in Konkurrenz zu den ionischen Kolonien. Die Stadtstaaten wurden immer noch von Kleinkönigen und autonomen Regierungen beherrscht, aber die Menschen pflegten unbeschwert Umgang miteinander, führten ein geschäftiges Leben und mäßigten ihren Tatendrang in religiösen Spielen. Ein sehr frühes Beispiel dafür waren die Sing- und Tanzspiele auf der Insel Delos zu Ehren des Apoll. Ein weit bekannteres Ereignis waren die großen Spiele in Olympia, die alle vier Jahre Zeus zu Ehren stattfanden. Zu diesen Spielen entsandte jede Stadt ihre besten Athleten, die sich im Ringkampf, Wettlauf, Boxen, Springen, Diskuswerfen, Speerwerfen und Wagenrennen maßen. Jeder Athlet gab bei den Wettkämpfen innerhalb seiner Disziplin das Äußerste zu Ehren seiner selbst, seiner Stadt und seiner Götter. Den Griechen galten die Spiele als ein weiterer Beweis ihrer gemeinsamen Kultur.

Wettläufe, Wagenrennen, Boxkämpfe bildeten Höhepunkte der zahlreichen Spiele, die regelmäßig in vielen griechischen Städten abgehalten wurden. Die wichtigsten waren die Olympischen Spiele, die alle vier Jahre in Olympia stattfanden, die Pythischen Spiele in Delphi, die Nemeischen Spiele in Argolis und die Isthmischen Spiele in Korinth.

Das obere Bild zeigt einen Boxkampf. Der Kampf ist gerade beendet, denn das Heben eines Fingers galt als Zeichen der Aufgabe. – Auf dem unteren Bild sind Läufer zu sehen. Der Künstler hat, vielleicht aus Gründen der Übersichtlichkeit, den Bewegungsablauf reichlich merkwürdig dargestellt: Rechtes Bein und rechter Arm bewegen sich gleichzeitig nach hinten, linkes Bein und linker Arm gleichzeitig nach vorn.

Griechisches Alphabet:	Name der Buchstaben:	Deutsche Entsprechung:
Α	Alpha	a
Β	Beta	b
Γ	Gamma	g
Δ	Delta	d
Ε	Epsilon	e
Ζ	Zeta	z
Η	Eta	e
Θ	Theta	th
Ι	Iota	i
Κ	Kappa	c, k
Λ	Lambda	l
Μ	My	m
Ν	Ny	n
Ξ	Xi	x
Ο	Omikron	o
Π	Pi	p
Ρ	Rho	r, rh
Σ	Sigma	s
Τ	Tau	t
Υ	Ypsilon	y, u
Φ	Phi	ph
Χ	Chi	ch
Ψ	Psi	ps
Ω	Omega	o

Das griechische Alphabet, während des 8. Jahrhunderts v. Chr. aus phönizischen Schriftzeichen entwickelt, nahm, als es sich in Griechenland ausbreitete, verschiedene Formen an. Eine davon, das chalkidische Alphabet Westgriechenlands, erscheint links oben auf einer in der Form eines Hahnes gearbeiteten Vase aus dem 7. Jahrhundert v. Chr. Eine andere Form, das ostionische Alphabet, wurde überall in Griechenland zur Norm, nachdem Athen es Ende des 5. Jahrhunderts v. Chr. offiziell eingeführt hatte. Die griechischen Buchstaben, von denen sieben die überhaupt ersten selbständigen Vokalzeichen waren, galten den Römern als Vorlage für ihr lateinisches Alphabet, das heute in der westlichen Welt gebräuchlich ist. Auf der rechten Seite sind einige griechische Wörter mit ihrer ursprünglichen Bedeutung und der heutigen deutschen Entsprechung aufgeführt. Einige der aufs Griechische zurückgehenden Wörter werden heute gar nicht mehr als Fremdwörter empfunden.

Griechische Wörter *(deutsche Umschreibung)*	Ursprüngliche griechische Bedeutung	Deutsche Ableitung
ΑΚΑΔΗΜΕΙΑ *(akademeia)*	Akademie	Akademie
ΒΑΡΒΑΡΟΣ *(barbaros)*	Barbar, Ausländer	Barbar
ΒΛΑΣΦΗΜΙΑ *(blasphemia)*	Gottlosigkeit, Verleumdung	Blasphemie
ΧΑΡΑΚΤΗΡ *(charakter)*	Kennzeichen, Stempel, Merkmal	Charakter
ΚΡΙΤΙΚΟΣ *(kritikos)*	scharfsinnig	Kritiker
ΔΕΣΠΟΤΗΣ *(despotes)*	Herr	Despot
ΔΥΝΑΜΙΚΟΣ *(dynamikos)*	kräftig, mächtig	dynamisch
ΥΓΙΕΙΝΗ *(hygieine)*	Hygiene	Hygiene
ΟΣΤΡΑΚΙΣΜΟΣ *(ostrakismos)*	Ostrazismus	Ostrazismus (Scherbengericht)
ΠΟΙΗΤΗΣ *(poietes)*	Schöpfer, Dichter	Poet
ΠΡΑΚΤΙΚΗ *(praktike)*	Ausübung, praktisches Wissen	Praktisch
ΣΤΩΙΚΟΣ *(stoikos)*	Stoiker	Stoiker
ΣΧΟΛΗ *(schole)*	Freizeit, Muße, Diskussion	Schule
ΤΥΡΑΝΝΟΣ *(tyrannos)*	Tyrann, Diktator	Tyrann

Als Siegespreis bei Wagenrennen in Athen wurde eine größere Anzahl von Amphoren, gefüllt mit Olivenöl, ausgesetzt. Sie zeigten, wie hier zu sehen, auf der einen Seite das Bild der Göttin Athene, auf der anderen eine Darstellung des Wettbewerbs, den der Preisträger gewonnen hatte.

Das griechische Alphabet. Durch das Entstehen eines griechischen Alphabets am Ende des Mittelalters wurde das Zusammengehörigkeitsgefühl der Griechen noch verstärkt. Schriftzeichen hatte es bereits in mykenischer Zeit gegeben, und wenn sie auch ausreichend waren, um Listen aufzustellen und Buchführung zu machen, waren sie dennoch ungelenk und für den literarischen Ausdruck wenig geeignet. Das neue Alphabet basierte auf dem phönizischen. Doch während das phönizische Alphabet nur Konsonanten kannte, schufen sich die Griechen durch Hinzufügen von Vokalzeichen ein Instrument, das den verschiedensten Bedürfnissen auf bewundernswerte Weise angepaßt war und sich rasch über die gesamte griechische Welt ausbreitete. Eines der frühesten Beispiele für seine Anwendung ist ein Vers über die Liebe auf einem Trinkgefäß, das auf der Insel Ischia in der Bucht von Neapel gefunden wurde:

Ich bin Nestors Kelch.
Der feingesponnenen Kunst der Verführung
der mit Schönheit gekrönten Aphrodite verfällt,
wer aus diesem Kelche trinkt.

Das Alphabet erlaubte es, viele Angelegenheiten, die früher dem Gedächtnis anvertraut werden mußten oder auf ein detailliertes Urkundenwesen beschränkt waren, als literarisches Dokument niederzulegen. Gesetze wurden in Stein gemeißelt und allen Leuten zugänglich an öffentlichen Plätzen aufgestellt. Homers Dichtung ist wahrscheinlich noch zu seinen Lebzeiten niedergeschrieben worden. Der Handel konnte mit Hilfe schriftlich fixierter Verträge weitaus wirkungsvoller gestaltet werden, und der Geschichtsschreibung eröffneten sich neue Möglichkeiten.

Das griechische Alphabet nahm verschiedene Formen an. Eine von ihnen führt zum etruskischen Alphabet, das seinerseits dem lateinischen als Vorbild diente, das heute in der westlichen Welt gebräuchlich ist. Trotz geringfügiger Abwandlungen blieb es in seinen Grundzügen bis auf den heutigen Tag unverändert, ein vortreffliches und anpassungsfähiges Instrument. Mit Schrift und Literatur und einer vielversprechenden Renaissance der Künste und des Handwerks trat Ionien aus dem dunklen Mittelalter in das Sonnenlicht des Hellenentums und begann in der Folgezeit seine Botschaft von Schönheit und Bildung in der gesamten griechischen Welt zu verbreiten.

3. Eine selbstbewußte Aristokratie

Im Verlauf des 8. Jahrhunderts v. Chr. beginnen die Völker Griechenlands sich ihrer Gemeinsamkeiten bewußt zu werden und eine einheitliche Kultur zu entwickeln. Die Zeugnisse, die wir aus dieser Frühzeit besitzen, sind fragmentarisch und zufällig in ihrer Auswahl, geben aber lebendige und bezeichnende Einzelheiten, die unser Wissen über die Griechen erweitern.

Das wirtschaftliche Aufleben Griechenlands, gekennzeichnet durch eine Blüte des erlesenen Handwerks und eine Ausweitung des Außenhandels, führte bald zu einem grundlegenden Wandel in der Struktur des griechischen Lebens. In nahezu allen Staaten, ausgenommen Sparta und Thessalien, wurden die traditionellen Kleinkönige entthront oder aber in ihrem Wirken auf – manchmal nur mehr sakrale – Repräsentationspflichten beschränkt. Während das streng konservative Sparta seine alte Dual-Monarchie ausbaute, blieb Thessalien – eine Agrargesellschaft weitverstreut lebender Großgrundbesitzer – bis ins 5. Jahrhundert v. Chr. ein Erbkönigreich. In den anderen Staaten wurden die Könige aus gutem Grund – sie mißbrauchten ihre Macht – ihres Amtes enthoben, obgleich sie als einzige Verkörperung von Sitte und Recht an keinen Gesetzeskodex gebunden waren.

Dort, wo das Königtum abgeschafft wurde, ging die Macht auf die ansässige Aristokratie über. Damit war der große Schritt von der Regierung eines einzelnen Herrschers zur Regierung durch eine Gruppe von Männern vollzogen. Die neuen Herrscher waren Nachkommen der Krieger, die sich im griechischen Mittelalter Land angeeignet und Besitz erworben hatten. Ursprünglich konnten nur Landbesitzer der Aristokratie angehören; im 7. Jahrhundert wurde nach und nach wohlhabenden Händlern und Handwerkern Zugang zu dieser Klasse gewährt. Die Aristokraten waren Männer der Muße, die sich dem Sport und allen Betätigungen im Freien widmeten, wenn auch nur als Teil ihrer militärischen Ausbildung. Für gewöhnlich lebten sie auf dem Lande, fürchteten sich jedoch nicht, sich auch auf das Meer hinauszuwagen. Sie waren mit allen Problemen vertraut, die das Leben in einem kleinen Gemeinwesen aufwirft. Da sie von

In Delphi kann man heute noch diese Reste eines Tholos, eines Rundbaus, besichtigen, den Theodoros von Phokäa errichtete. Die Farben sind auf Erosion zurückzuführen; ursprünglich waren diese Bauten bunt geschmückt.

Ein Jäger mit seiner Beute. Sein Hund springt an der Leine vor ihm her. Zu den Waffen eines Jägers zählten Speere, Netze, Fußschlingen, Wurfspieße und, allerdings seltener, Pfeil und Bogen.

Kindheit an dazu erzogen wurden, an Sing- und Tanzspielen teilzunehmen, war ihnen ein Interesse an der Musik sowie an der Kunst des gesprochenen und gesungenen Wortes gemeinsam. Sie unterwarfen sich einem strengen Sittenkodex, der sie verpflichtete, ehrlich, zuverlässig, ritterlich (auch dem Feind gegenüber) und mutig zu sein, die Rechte der anderen zu respektieren, großzügig mit ihren Besitztümern umzugehen (soweit es ihre Mittel erlaubten), der Versuchung des Betrugs zu widerstehen und auf diesen Kodex selbst stolz zu sein.

Diesen Aristokraten mag es an der überschäumenden Vitalität der späteren Griechen gefehlt haben, dennoch ist ihre Tatkraft unbestreitbar. Sie waren musisch außerordentlich begabt, ohne jedoch im geringsten zu verweichlichen, denn im Gegensatz zu der aristokratischen Oberschicht anderer Staaten war ihre Stellung nicht so gefestigt, daß sie sich einem allzu verfeinerten Leben hingeben konnten.

Aufstieg der Stadtstaaten. Das politische, wirtschaftliche und soziale Zentrum des griechischen Lebens war die Polis, der Stadtstaat. Die Polis war weit mehr als nur der Sitz der Regierung. Sie war der Treffpunkt der Menschen, die innerhalb und außerhalb ihrer Mauern lebten. In der Polis wurden Geschäfte abgewickelt, Waren hergestellt, Zeremonien und Riten gefeiert, öffentliche Angelegenheiten diskutiert und beschlossen. Die Zahl der Menschen, die tatsächlich innerhalb der Mauern der Polis lebten, war gering. Die Gesamtbevölkerung einer Polis setzte sich jedoch aus Stadt- und Landbewohnern zusammen, zu denen in Schiffahrtszentren wie Korinth und Athen auch noch Seeleute hinzukamen. Bauern, Handwerker, Händler und Seeleute lebten nebeneinander. Das Leben war zugleich abwechslungsreich und vertraut und bot die verschiedensten Möglichkeiten staatsbürgerlicher Betätigung, zu denen auch diejenige rechnete, die wir heute mit dem Begriff «Politik» bezeichnen.

Krise der Aristokratie und erste Rechtsordnungen. Die Aristokraten, die die Polis regierten, betrachteten sich selbst als höhere Wesen und pflegten vornehmlich mit ihresgleichen Umgang. Sie glaubten sich durch Geburt und Erziehung auf besondere Weise für öffentliche Ämter qualifiziert — und da es zu ihrem eigenen Nutzen war, wenn sie Reichtum und Sicherheit der Stadt erhielten, entwickelten sie oft großes politisches Geschick. Trotzdem kam es wiederholt zu Zusammenstößen zwischen Aristokraten und Bürgerlichen. Das durch Handel und Gewerbe reich und selbstbewußt gewordene Bürgertum verlangte Anteil an der Führung der Stadtstaaten. Schließlich forderten die Bürgerlichen ein geschriebenes Gesetz, um die parteiische Rechtsprechung des Adels zu unterbinden. Der früheste Gesetzeskodex geht auf das 7. Jahrhundert v. Chr. zurück, auf eine Zeit also, zu der es das Wort «Demokratie» noch nicht gab. Die frühen Gesetzbücher beschäftigten sich hauptsächlich mit Totschlag, der bis zu jener Zeit durch Familienfehden gerächt wurde, und dem Eigentumsrecht. Sie behandelten weiterhin Verträge zwischen zwei Personen und stellten Richtlinien für die Ernennung der Richter und anderer Beamten auf. Gelegentlich schrieben sie sogar die Form der Regierung vor. Einer dieser Kodizes, von einem Mann namens Drakon um 621 v. Chr. für Athen ausgearbeitet, war so streng, daß das Wort «drakonisch» zu einem Synonym für äußerste Strenge und Härte wurde. Drakon verfügte, daß ein so geringfügiges Vergehen wie Mundraub mit dem Tode zu bestrafen sei, und gab dem Gläubiger das Recht, über die Person des Schuldners zu verfügen — was letztlich einer Versklavung gleichkam. Drakon führte jedoch auch den Gedanken des zu rechtfertigenden Totschlags ein und machte einen Unterschied zwischen vorsätzlichem Mord und fahrlässiger Tötung.

Die Tugenden des Stadtbürgers. Unter der Herrschaft der Aristokraten und des Geldadels erlangte die Polis eine größere politische Stabilität und entwickelte das reiche kulturelle und gesellschaftliche Leben, das die Griechen schließlich von ihren Nachbarn unterscheiden sollte. Lange nachdem die Aristokraten die Macht verloren hatten, blieb die Polis als Verkörperung einer erstrebenswerten Lebensmöglichkeit Brennpunkt der griechischen Staatsvorstellungen. Die Aristokraten behaupteten, daß ihre Vorrangstellung auf der Gunst der Götter beruhe, und glaubten daher, «gut» zu sein. Ihnen war «gut» keinesfalls ein ausschließlich oder auch nur vorherrschend ethischer Begriff. «Gut zu sein», oder *areté* zu besitzen, war eine wesenhafte Vortrefflichkeit, die allen Dingen innewohnte. Der Dichter Simonides von Keos (um 556–468) schrieb, ein guter Mann sei «wahrhaft edel, an Händen und Füßen und Gesinnung, allseitig gebildet ohne Makel».

Entsprechend diesem Ideal waren das Ansehen in der Öffentlichkeit und das Ansehen im Privatleben aufs engste miteinander verbunden. Ein Mann war es sich selbst schuldig, seine besten Eigenschaften zu entfalten und um ihretwillen anerkannt zu werden. Das Lob, das ihm seine Taten eintrugen, war ein Maßstab des Erfolgs. Erfolg aber war nicht nur eine persönliche Anerkennung, sondern eine Verpflichtung gegenüber der Stadt. Starb ein Mann für die Ehre seiner Stadt, so war er «gut». Man erwartete von einem Mann, daß er sich zu seinen Lebzeiten an die Gesetze hielt und nichts tat, was der Stadt Schande bereiten könnte. Er sollte besonnen sein und sich seiner Vorfahren und seiner Erziehung als würdig erweisen. In dieser Anschauung von «gut» waren die ausschließlich moralischen Tugenden von geringerer Bedeutung als die sozialen Tugenden. Nur wenn moralisches Versagen einem Mann und seinem Stand Schande bereitete, waren moralische Tugenden von Belang. Das Mannesideal der Aristokraten war weitreichend und großzügig. Es beschränkte das «Gutsein» nicht auf einen bestimmten Bereich der Lebensführung, sondern verlangte schlicht, daß ein Mann sich in jeder Beziehung als Mann erwies.

Wenn öffentliches und persönliches Ansehen so eng miteinander verbunden waren, so war die Beleidigung des einzelnen eine Beleidigung aller. Die Interessen der Stadt waren mit den Interessen des einzelnen identisch. Das erklärt die ständige Bereitschaft der Griechen, Krieg zu führen. Obwohl man ursprünglich in den Krieg zog, weil das Ansehen der Stadt auf dem Spiel stand, tat man es dennoch auch des persönlichen Nutzens und der persönlichen Genugtuung wegen. Die Kämpfe fanden für gewöhnlich Mann gegen Mann statt und stellten den Krieger, körperlich wie auch geistig, auf die äußerste Probe. Der Krieg bot somit einem Mann die Gelegenheit, die Qualitäten zu entfalten, die von seinen Gefährten am meisten geschätzt wurden. Tapferkeit trug einem Mann nicht nur die Bewunderung seiner Kameraden ein, sondern brachte auch der Stadt Ehre und war darüber hinaus eine Quelle des Stolzes für ihn und seine Familie.

Der Grabspruch auf einer Steinplatte, die auf der Insel Korkyra gefunden wurde und etwa aus dem Jahre 600 v. Chr. stammt, vermittelt einen Eindruck von der Tiefe dieses Stolzes:

Dies ist das Grabmal des Arniadas. Diesen hat der wilde Ares vernichtet in der Schlacht bei den Schiffen an des Aratthos' Strömung: gewaltig tat er sich dort hervor im Getümmel der stöhnenden Männer.

Der Tod in der Schlacht wurde als angemessener Abschluß des Lebens betrachtet, als die rechte Art, der Kürze des Lebens zu spotten. Und fiel ein Grieche bei der Verteidigung der Ehre seiner Stadt, so stand sein Name in noch höherem Ansehen. Sein Tod wurde dann von seinen Mitbürgern betrauert, und zu seinem Gedenken wurde ein Ehrenmal errichtet. Im allgemeinen hatten die Griechen nur unklare Vorstellungen von einem Leben nach dem Tode, und es scheint, als hätten die meisten überhaupt daran gezweifelt. Nicht die Hoffnung auf den Himmel ließ sie ihr Leben so bereitwillig in der Schlacht lassen, sondern die Tatsache, daß dieser Tod adelte.

Wirtschaftliche Probleme der Stadtstaaten. Wenn Kriege auch angeblich zur Ehre der Stadt geführt wurden, so hatten sie dennoch zugleich wirtschaftliche Gründe. Der Mangel an Land führte zu dauernden und unlösbaren Schwierigkeiten. Dieses Problem wurde in Zeiten des Friedens und Wohlstandes, wenn die Bevölkerungszahl anwuchs, akut. Oft gab es nicht genug Nahrung, obgleich das zur Verfügung stehende Land bis an die äußersten Grenzen bebaut wurde. Dabei war die Kost der Griechen keineswegs üppig. Damals wie heute waren Olivenöl, Fisch, Ziegenkäse, Wein und Brot die Hauptnahrungsmittel. Schafe und Ziegen lieferten Milch zur Käseherstellung und gelegentlich Fleisch; die Bienenzucht versorgte die Griechen mit Honig zum Süßen. Nüsse und Feigen galten als Delikatesse. Ansonsten wurden die Hauptmahlzeiten durch so einfache Nahrungsmittel wie Bohnen, Erbsen, Kohl, Salat, Linsen und Knoblauch abgerundet.

Eine Möglichkeit, die Bodenprobleme zu lösen, bestand darin, sich das Land des Nachbarn anzueignen. Aber das war nicht sehr befriedigend. Zwar konnte man ganze Völkerstämme in die Sklaverei führen, wie es die Spartaner an ihren Nachbarn aus Messenien um 640 v. Chr. praktizierten, aber man konnte sie nicht völlig auslöschen — man brauchte ihre Arbeitskraft, um das eroberte Land zu bebauen, und das wiederum bedeutete, daß man ihnen auch zu essen geben mußte. Da Kriege die Land- und Versorgungsprobleme nicht lösten, verfielen die Griechen auf einen anderen Ausweg. Auf ihre Erfahrung als Seefahrer und Händler bauend, stellten sie Gruppen von Kolonisten zusammen, die sie zur Besiedlung entfernter Länder aussandten. Das verminderte den Druck, der auf der Nahrungsmittelversorgung der Griechen lastete, und erschloß dem Mutterland neue Quellen für Produkte und Rohstoffe, an denen es Griechenland fehlte. Dieser Prozeß, der im 8. Jahrhundert v. Chr. einsetzte, dauerte zwei Jahrhunderte lang unvermindert an.

Kolonisation aus Not. Die griechische Kolonisation erstreckte sich in zwei Hauptrichtungen, nach Norden und nach Westen. Im Norden gründeten die Griechen zunächst Kolonien entlang der Küste der Ägäis, dann an den Ufern der Propontis (heute Marmarameer) und schließlich entlang der Schwarzmeer-Küste auf der Krim. Im Westen drangen die Griechen um 750 v. Chr. nach Sizilien und Süditalien vor und gelangten dann, die Westküste Italiens hinaufwandernd, bis an den Golf von Neapel. Um 600 v. Chr. gründeten griechische Ionier aus Phokäa in Kleinasien die Siedlung Massalia, das heutige Marseille, nachdem sie die Vorteile, die dieser Platz mit seinem natürlichen Hafen bot, erkannt hatten. Östlich von Massalia folgten an der Küste, die uns heute als Côte d'Azur ein Begriff ist, weitere Siedlungen in Nikäa, Herakles Monoekos und Antipolis — heute Nizza, Monako und Antibes. Massalia trieb einen schwunghaften Handel, indem es griechische Erzeugnisse gegen keltische Rohstoffe tauschte. Ihre Geschäfte führten die Griechen die Rhône aufwärts ins Innere Galliens und im Westen bis nach Cornwall und Irland. Ein Beleg für diesen Tauschhandel ist eine große Bronzevase, die in Vix, nahe Châtillon-sur-Seine, etwa 220 Kilometer südöstlich von Paris, gefunden wurde. Sie gilt als berühmtes und schönes Beispiel archaischen griechischen Handwerks und muß von einem der dortigen Könige zu einem feierlichen Anlaß, vielleicht einer Hochzeit oder einer Beisetzung, in Auftrag gegeben worden sein.

Pflanzstädte als Kulturvermittler. Im Vergleich zu den Leistungen der Griechen auf anderen, weniger materiellen Gebieten, mag ihr Talent zur Kolonisation verhältnismäßig unbedeutend erscheinen. Und dennoch war die Kolonisation eines der wirksamsten Mittel, die griechische Kultur auf andere Länder auszudehnen, wenngleich sie nicht in dieser Absicht betrieben wurde, und die Ergebnisse erst im Laufe der Zeit sichtbar wurden.

Griechische Waren gelangten über die Westküste Italiens bis in das Gebiet der Etrusker in Mittelitalien, als diese faszinierende Kultur auf ihrem Höhepunkt stand. Die Herkunft der Etrusker ist nicht eindeutig geklärt, und ihre Sprache wird kaum verstanden, aber es ist augenfällig, daß dieses Volk dem Zauber der griechischen Kunst erlag. Vieles in der erlesenen etruskischen Bildhauerei und Keramik kann das griechische Vorbild nicht verleugnen.

Weit im Osten, auf der Krim, kamen die griechischen Kolonisten mit

Weniger als ein Viertel des antiken Griechenlands kann man als fruchtbar bezeichnen. Die zahllosen Gebirgszüge begrenzten die Nutzflächen. Der Olivenbaum, hier ein Foto einer heutigen Plantage, wurde bevorzugt angebaut. Seine Früchte lieferten den Grundstoff für Öl, Butter, Seife und Lampenbrennstoff. 16 Jahre braucht ein solcher Baum, bis er die ersten Früchte trägt, und weitere 40, bis die Ausbeute wirklich lohnend wird.

nomadisierenden Skythen in Kontakt, und wenngleich sie wenig mit ihnen gemein hatten, stellten sie dennoch hervorragend gearbeitete Goldgefäße für den skythischen Markt her. In dem erhabenen Relief dieser Gefäße verbinden sich skythische Motive mit griechischer Technik.

Nach und nach machten sich die Griechen die Bodenschätze ihrer Wahlheimat voll zunutze. An Reichtum standen die Kolonien nicht hinter dem Mutterland zurück. Manche übertrafen es sogar. Das gilt insbesondere für Sizilien, wo durchaus nicht provinzielle Kolonien wie Syrakus, Selinus und Megara Hybläa eine erstaunlich lebensprühende Bildhauerei ent-

Die landwirtschaftliche Nutzfläche Athens reicht oft nicht aus, um den eigenen Bedarf an Getreide zu decken. – Unser Bild zeigt ein Roggenfeld in Griechenland. Der spärliche Wuchs ist deutlich sichtbar.

wickelten und einen Dichter, Stesichoros (um 640–555?), hervorbrachten, der zu den berühmtesten Schöpfern balladenartiger Chorgesänge zählte.

Gefahren der Kolonisation. Da die griechischen Kolonisten sich gegen die Kultur der Urbevölkerung abschirmten, blieben die Kolonien Erweiterungen des Mutterlandes. Dennoch gaben sie vielen Gegenden, die man gemeinhin nicht mit Griechenland in Verbindung bringen würde, ihr

Gepräge. Nicht immer war der kulturelle Selbstbehauptungswille Grund der Isolation. Kolonisation ist ein gefahrvolles Unterfangen und war es auch für viele Griechen. Wir sind in der glücklichen Lage, den Augenzeugenbericht eines Mannes zu besitzen, der in der ersten Hälfte des 7. Jahrhunderts an der Kolonisation der Insel Thasos und des thrakischen Festlandes teilnahm. Dieser Mann gibt einen detaillierten Bericht von den Erfahrungen der Griechen. Sein Name ist Archilochos (um 650). Er kam von der Insel Paros und war ein begabter Dichter, der mit einer Offenheit und Freimütigkeit über sein Leben schrieb, die an Ironie und Ernüchterung grenzen. Er fürchtete und haßte die «thrakischen Hunde», gegen die er kämpfte, fand aber ebensowenig Gefallen an seinen eigenen Führern und Gefährten. Er hielt sie nur für wenig besser als Mörder. Vielleicht erklärt sich seine Haltung aus seiner Herkunft. Als illegitimer Sohn eines Abenteurers aus guter Familie und einer Sklavin hatte er kein Anrecht auf das väterliche Erbe und mußte sich seinen Weg durch seine Geschicklichkeit im Umgang mit dem Schwert bahnen.

Verbittert, enttäuscht und verständlicherweise von einem ausgeprägten Wirklichkeitssinn geleitet, weigerte sich Archilochos, sich durch prunkhaftes Gerede betören zu lassen. Er war unerbittlich in seinem Verlangen, die Wahrheit zu sagen, auch wenn sie verletzend war. Seine eigene Philosophie war einfach und nüchtern: Freue dich nicht zu sehr, wenn es dir gutgeht, und sollte es dir schlechtgehen, beklage dich nicht. Während er eine übertriebene Betonung alter homerischer Werte verwarf, verkörperte er sie paradoxerweise im reinsten Sinne. Er glaubte an eine redliche Lebensführung, betrachtete jeden materiellen Vorteil als den gerechten Lohn, der ihm auf Grund seines persönlichen Wertes zustand, und sah in jeder Form von Geringschätzung eine tödliche Beleidigung. Über einen, der ihm Unrecht getan hatte, schrieb er:

Spielball der wogenden Flut. Am Salmydessos sollten ihn ganz splitternackt freundlichst erwischen die schopfgezierten Thraker — essen soll er Sklavenbrot, Elend erdulden und Angst —; Aus Wasserwirbeln steigen frosterstarrt, mit Tang über und über bedeckt, und klappern sollen ihm die Zähne dort am Strand neben der Brandung der See — Ein Hund, der vor Erschöpfung auf der Schnauze liegt.

Zur Karte auf den beiden folgenden Seiten:
Das große Zeitalter griechischer Expansion dauerte von 750 bis 50 v. Chr. Von Spanien bis ans Schwarze Meer wurden entlang der Küste Kolonien gegründet. Einem weiteren Vordringen der Griechen nach Westen stand die Macht der älteren phönizischen Kolonien entgegen. In Italien verhinderten die Etrusker mit ihren stark befestigten Städten eine Ausweitung der griechischen Einflußsphäre nach Norden. Die Städte, deren Namen auf dieser Karte mit einem Kästchen versehen sind, gründeten die meisten der Kolonien.

GOLF VON BISKAYA
GALLIEN
RHÔNE
Herakles
Monaekos
(Monaco)
Massalia
(Marseille)
Aphrodisias
Antipolis
(Antibes)
Nikäa
(Nizza)
ETRURIEN
Tarraco
(Tarragona)
Emporiä
KORSIKA
Alalia
ITALIEN
Rom
Sagunt
Neapolis
Kyme
(Neapel)
Tarent
(Taranto)
BALEAREN
Tharros
Posidonia
Magna
Grecia
Elea
Sybaris
SARDINIEN
Himera
Hipponion
Messene
(Messina)
Skylle
Motye
Rhegion
Selinus
Utica
Karthago
Agrigentum
Megara Hyb
SIZILIEN
Syrakus
NUMIDIEN
MELITE
M I T
Leptis Magna
Euhe
GRIECHISCHE KOLONIEN
EUBÖISCH
KORINTHISCH
MILESISCH
MEGARÄISCH
ACHÄISCH
PHOKÄISCH
• ANDERE STÄDTE
AUSGANGSPUNKTE DER KOLONISATION
WERDEN SO BEZEICHNET: KORINTH
GRIECHENLAND 750 v. Chr.
KÜSTE UNTER GRIECHISCHER KONTROLLE
KÜSTE UNTER PHÖNIZISCHER KONTROLLE
NICHTGRIECHISCHE STÄDTE
Maßstab
0
250
500

N
DNIEPR
SKYTHIEN
DON
Tanais
Olbia
Tyras
Pantikapäon
PHANAGORIA
KRIM
Chersonesos
Herakleotika
Istros
Tomi
SCHWARZES MEER
DONAU
Sinope (Sinop)
Amisos
Mesembria
Apollonia
PAPHLAGONIA
PONTOS
THRAKIEN
BOSPORUS
Herakleia Pontika
MAZEDONIEN
Byzantion
Chalkedon
ILLYRIEN
Abdera
Perinthos
BITHYNIA
Apollonia
MARMARAMEER
lonia
Methone
Daskyleion
Aulon
Potiäa
Hellespont
Kyzikos
KLEINASIEN
Abydos
PHRYGIEN
Mende
Torone
Epiros
Kerkyra
(Korfu)
Mysia
Ambrakia
ÄGÄIS
IONIEN
LYDIEN
Leukas
EUBÖA
PHOKÄA
KILIKIA
Mallos
MEGARA
ACHÄA
KARIA
PAMPHYLIEN
Soli
KORINTH
GRIECHEN-
LAND
MILET
LYKIA
Side
Peloponnes
Phaselis
Kition
KRETA
ZYPERN
SYRIEN
Byblos
Sidon
Tyros
PHÖNIZIEN
ELMEER
auchira
Kyrene
Barka
des
CYRENAIKA
Sais
Naukratis
Daphnae
Memphis
LIBYEN
ÄGYPTEN
NIL
ROTES
MEER
ometer

Die griechischen Münzen kamen aus vielen verstreut liegenden Kolonien. Die links abgebildete, die Heck und Bug eines Schiffes zeigt, ist aus Phaselis an der Südküste Kleinasiens.

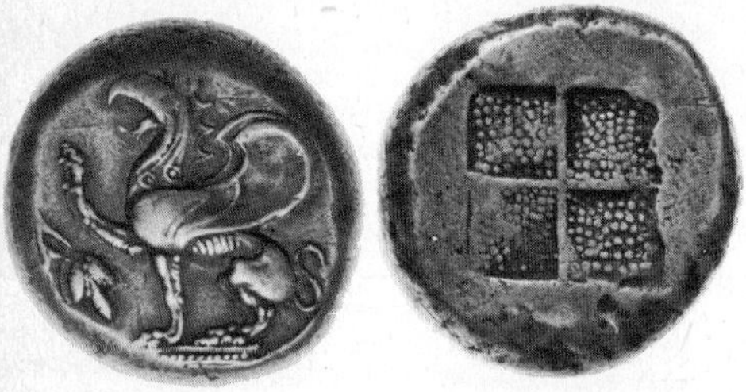

Ein Silberstück aus Abdera in Mazedonien zeigt einen sitzenden Greif. Jenseits Abdera lag der Sage nach das Land der Greife.

Eine Prägung aus Syrakus verherrlicht den Sieg über Athen mit einer geflügelten Viktoria. Auf der Rückseite Persephone, die Herrscherin der Unterwelt, wo sie ein Drittel des Jahres zubringt. Während dieser Zeit bleibt die Erde unfruchtbar.

Der Kopf des Apollo ziert eine Münze aus Abydos in Kleinasien. Der in den Bergen beheimatete Adler war das Symbol von Abydos.

Eine Münze aus Kyrene zeigt eine Sylphiumpflanze. Auf der Rückseite ist ein Zeuskopf mit den Widderhörnern des ägyptischen Gottes Ammon zu sehen.

Die Wertskala der Athener Münzen wird hier wiedergegeben. Von links nach rechts: ein halber Obolos, ein Obolos, eine Drachme im Wert von sechs Obolen, ein Zweidrachmen- und ein Vierdrachmenstück.

Und dennoch machte er sich keine Illusionen darüber, daß die Mühen, die das Leben abverlangte, nur kümmerlich gelohnt würden:

Keiner ist bei seinen Bürgern nach dem Tode angesehn und geehrt. Wir jagen nach der Gunst des Lebenden lebenslang. Am allerschlimmsten geht man mit den Toten um.

Wenn auch nicht alle griechischen Kolonisten so scharfsinnig wie Archilochos waren, so packten sie die Besiedlung der neuen Heimat doch mit dem gleichen Mut und der gleichen Entschlossenheit an. Und während sie sich ganz auf die Pionierarbeit konzentrierten, fanden sie trotzdem Zeit für künstlerisches Schaffen.

Archaische Kunst. Entgegen der allgemeinen Annahme hatten die Griechen keinen unfehlbaren, übernatürlichen Instinkt für die Verfertigung schöner Dinge. In Wirklichkeit arbeiteten sie hart, bevor sie nach Versuchen und Fehlschlägen zu ihren ersten großen künstlerischen Leistungen kamen. Erste Erfolge stellten sich während des 7. Jahrhunderts unter dem Patronat der Aristokraten ein. Da die Lebensbedingungen einfach waren, war die Kunst, die sie widerspiegelte, ebenfalls einfach, was jedoch nicht ausschließt, daß sie edel und erlesen war. Regeln über Proportion und Ausgewogenheit begannen sich durchzusetzen, und die Werke sind erfüllt von dem magischen Licht Griechenlands. Ein Sinn für die Form taucht auf, der unbewußt durch die felsige Landschaft geprägt worden war, die dem Denken und Sehen ihre Disziplin auferlegt.

Malerei und Skulptur tragen zugleich Merkmale einer starken Gemeinsamkeit und vieler individueller Versuche, sie zu modifizieren. Der griechische Künstler arbeitete für eine Gesellschaft, die feste Vorstellungen von der Kunst hatte, denen sich der Künstler zu einem gewissen Grade beugen mußte. Aber innerhalb dieser Schranken wurde experimentiert und

Neues hervorgebracht. Betrachtet man die archaische griechische Kunst im Rahmen ihrer eigenen Bedingungen, so ist sie lebenswahr und mannigfaltig. Sie reicht von lebensgroßen Standbildern zu Ehren der Götter oder der Männer und Frauen, die sich um die Gunst der Götter bemüht hatten, bis zu einfacher bemalter Keramik für den Hausgebrauch. Während die Statuen den tiefen Ernst der Griechen widerspiegeln, zeigt die Keramik die heitere, fröhlichere Seite des griechischen Lebens. Aber Frohsinn und Ernst gingen oft ineinander über. Eine Statue brauchte nicht ausschließlich feierlichen Ernst auszustrahlen. Ebenso war es nicht ungewöhnlich, daß eine einfache Trinkschale mit dramatischen oder heroischen Motiven bemalt war. Schale und Statue konnten jede für sich Verklärung und Freude in sich vereinen.

Die Vasenmalerei. Seit mykenischer Zeit waren Vasen mit Malereien verziert, und diese Kunst hatte auf einem sehr viel niedrigeren Niveau das griechische Mittelalter überlebt. Im 7. Jahrhundert v. Chr. löste die Malerei sich von geometrischen Abstraktionen und stilisierten Szenen. Die Gestaltung wurde freier und neutralistischer. Auf früheren Vasen erschienen menschliche Gestalten. Schlachten und Leichenzüge als festgelegte Folgen gerader Linien. Der Gestalt wurde keine größere Bedeutung beigemessen als der Umgebung. Jetzt jedoch wurden Menschen, Tiere und Ungeheuer zu Schwerpunkten in einem sorgsam durchdachten Muster. Die Künstler erfanden neue Techniken, erdachten neue Farbzusammenstellungen und entwickelten neue Verfahren, die Farbe auf die Tonform aufzutragen.

Die Kunst der Zeichnung, zunächst zögernd und ungelenk, reifte mit erstaunlicher Geschwindigkeit zu der makellosen, ausdrucksvollen Linienführung, die das bezeichnende Element aller griechischen Malerei wurde. Künstler auf der Insel Rhodos schufen lebensvoll dargestellte Tiergruppen, die sich um die Wölbung einer Vase herumziehen. Eine Vase aus Melos zeigt Kampfszenen aus Sagen. Als das künstlerische Leben in Sparta bald nach 600 v. Chr. seinen Höhepunkt erreichte, wurde die Vasenmalerei dort in herrlicher Vielfalt ausgeführt. Fische in graziösen Mustern, dramatische Episoden aus der Geschichte und Szenen aus dem Alltag sind die Motive. Apoll tötet die Riesenschlange Python, ein toter Krieger wird von seinen Gefährten heimgetragen, ein König (man hat ihn als Arkesilas von Kyrene identifiziert) verfolgt das Wiegen und Verpacken von Sylphium, einer in der Antike hochgeschätzten Arzneipflanze. Durch fortgesetztes Experimentieren lernten die Künstler, wie man den freien Raum nutzen konnte, um die Konturen einer Figur zu betonen, wie man Gruppen von Männern und Frauen zu einer ununterbrochenen Prozession anordnen mußte, wie man Gestalten zusammenstellen konnte, ohne sie zusammenzudrängen. Sogar die Vase selbst wurde zu einem Element der Gestaltung: der Künstler paßte sein Motiv Ausbuchtungen der jeweiligen Vasenform an.

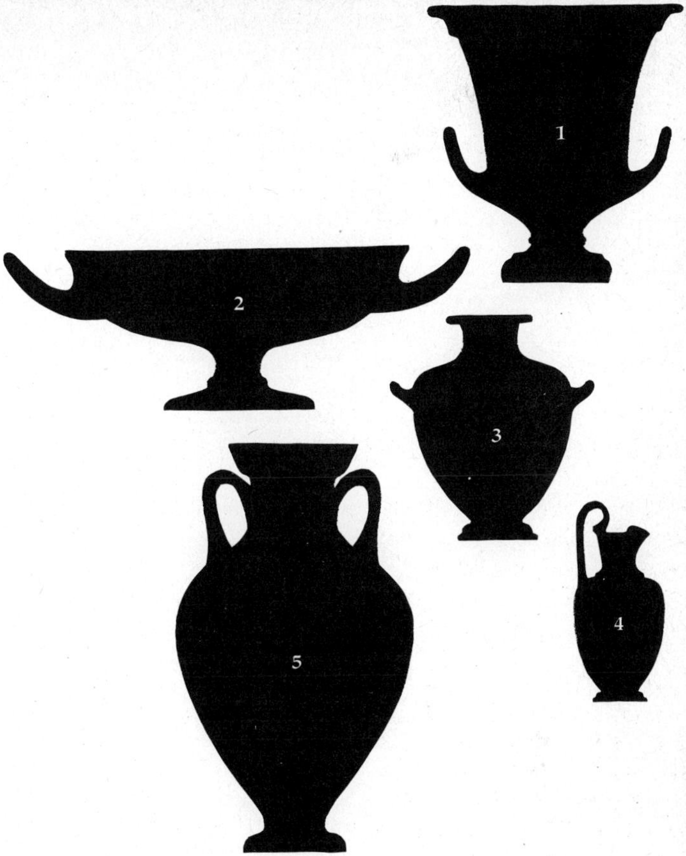

Zweckmäßigkeit war ein Kennzeichen griechischer Keramik. Hatte sich eine Form einmal als geeignet erwiesen, so wurde sie selten verändert. Einige Grundformen, die sich in Athen ausgebildet haben, werden hier wiedergegeben. Der Krater (1) hatte eine weite Öffnung, um das Mischen von Wein und Wasser, dem Hauptgetränk der Griechen, zu erleichtern. Die Kylix (2) war eine Trinkschale mit zwei Griffen. Die Hydria (3), die zum Wassertragen diente, hatte zwei waagerechte Griffe zum Anheben; ein dritter Griff, der hier nicht zu sehen ist, erleichterte das Ausgießen. Die Oinochoe (4) war der gebräuchliche Weinkrug. Die Amphora (5) war eine große Urne, die zum Anlegen von Vorräten diente.

Die Plastik. Die Entwicklung in der Bildhauerei begann später und hatte einen weiteren Weg zurückzulegen. Kleine Ton- und Bronzefiguren markieren die Anfänge im Mittelalter. Im 7. Jahrhundert v. Chr. tauchen dann größere Figuren in Holz, Kalkstein, Marmor, Ton und Bronze auf. Die früheste griechische Monumentalplastik ist dem ägyptischen Vorbild offensichtlich zu einem großen Teil verpflichtet. Die Griechen begannen mit lebensgroßen, rundplastischen Figuren von aufrecht stehenden, nackten Jünglingen (Kuros) und bekleideten Frauen. Die Jünglingsfiguren stellen einen Fuß vor, die gestreckten Arme liegen am Körper an. Die Frauen sind schwer mit Gewändern behangen, die in den frühesten Beispielen wie kunstlos übereinandergeschichtete Lagen von Tuch erscheinen. Aber die Steifheit ägyptischer Skulpturen wird in bemerkenswert kurzer Zeit überwunden. Eine größere Ausgewogenheit der Proportionen und die anatomisch richtige Ausarbeitung der Muskulatur macht die männliche Gestalt anziehender. Auch die weibliche Gestalt gewinnt an Anmut durch einen leichteren und feineren Faltenwurf, der den darunter liegenden Körper andeutet.

Aber die Skulptur war nicht auf rundplastische Figuren beschränkt. Auf den Bauelementen der Tempel erscheinen gemeißelte Dekorationen: im Giebelfeld, dem dreieckigen Raum unter dem Dach, auf dem als Fries bezeichneten Streifen zwischen dem Dach und den Säulen, zu dem in gewissen Fällen auch Metopen gehörten — Vierecke, die durch Zwischenräume voneinander getrennt sind. Jede dieser Formen — Dreieck, schmaler Streifen, Rechteck — warf ihre eigenen Gestaltungsprobleme auf. Der Giebel zum Beispiel konnte in seinem Zentrum eine menschliche Gestalt in voller Größe aufnehmen, erforderte jedoch etwas anderes für die spitzen Winkel an seiner Grundlinie. Der Fries mußte ein fortlaufendes Muster haben, durfte jedoch nicht mit Einzelheiten überladen werden oder zu unruhig wirken. Und die Metopen verlangten nach einer Komposition, die das starre Rechteck geschickt füllte.

Nicht alle diese Probleme wurden sofort gelöst, gegen Ende des 6. Jahrhunderts v. Chr. jedoch hatte man die Hauptfragen gemeistert. Der griechische Künstler hatte gelernt, sein Formgefühl zu disziplinieren und den Erfordernissen eines strengen Rahmens anzupassen. Er wußte nun, die Bestandteile ins Gleichgewicht zu bringen. Seine Arbeit wurde reicher im Detail und dramatischer. Und die plastischen Details enthüllten — was die sparsame Linienführung der Vasenmalerei nicht vermag —, wieviel die Griechen über die menschliche Gestalt wußten.

Aufstieg der Dichtkunst. In dem gleichen Zeitraum, in dem sich die sichtbaren Künste von bescheidenen Anfängen zu majestätischer Reife entwickelten, brachte auch die Dichtung neue Formen hervor. Das unpersönliche, heroisch-gestimmte Epos wich einer Dichtung, die in ihrem Ausdruck oft ganz persönlich war und vielfach alltägliche Ereignisse zu ihrem Gegenstand wählte. Das war das Goldene Zeitalter des lyrischen Gesangs, von Gedichten, die zur Begleitung der Flöte oder der Lyra gesungen wurden. Manchmal waren einzelne, manchmal Chöre die Ausführenden. Die Musik selbst läßt sich nur aus Bruchstücken erahnen, aber die überlieferten Worte bezaubern durch ihren schwerelosen Tanzrhythmus.

Die formenreiche Lyrik diente vielen Zwecken. Sie konnte zum Beispiel ein wirksames Instrument im öffentlichen Leben sein. Der Spartaner Tyrtaios, der Mitte des 7. Jahrhunderts v. Chr. wirkte, schrieb anfeuernde Kriegslieder, in denen er seine Mitbürger zur Schlacht aufrief. In Athen predigte Solon, ein anderer Dichter, der von etwa 640 bis um 560 v. Chr. lebte, in einer durch Uneinigkeit zerrissenen Stadt eine Philosophie der sozialen Reformen — von denen er einige, als er 594 zum obersten Staatsbeamten (Archont) und Schiedsmann zwischen den Ständen gewählt wurde, tatsächlich verwirklichen konnte.

Das Chorwerk, das Musik, Dichtung und Tanz vereinigte und für die Aufführung an Festtagen bestimmt war, war eine andere Form der Lyrik. Einstmals war Sparta das Zentrum solcher Festspiele gewesen, und einer seiner bekanntesten Dichter war ein Mann namens Alkman, der gegen Ende des 7. Jahrhunderts v. Chr. Chorlyrik für junge Spartanerinnen schrieb. Seine Gedichte sind wunderbar klar und heiter und ganz auf die Darsteller zugeschnitten:

Ist nicht Hagesichora hier
Mit den schlanken Fesseln?
Bleibt sie nicht Agido verbunden
Und billigt unsre heiligen Bräuche?
Ihr Götter, erhöret der beiden
Gebete! Denn aller Dinge Ziel und Erfüllung
Steht bei den Göttern.

Die Gedichte, die von Dichtern über sich selbst für ihre Freunde geschrieben wurden, zählen zu den besten der griechischen Lyrik überhaupt. Diese persönliche Lyrik erreichte ihren Gipfelpunkt um 600 v. Chr. auf der Insel Lesbos in dem Werk zweier Dichter, einem Mann und einer Frau. Der durch und durch männliche Alkaios (um 620—um 580) schrieb über Politik und Krieg und die Freuden des Weintrinkens. Seine Freundin Sappho schrieb über ihre Empfindungen für junge Mädchen, die ihren Bekanntenkreis bildeten. Ihr Ton ist vertraulich, persönlich:

Reiterheere mögen die einen, andre
halten Fußvolk oder ein Heer von Schiffen
für der Erde köstlichstes Ding, — ich aber das,
was man liebhat.

I
H
G
E
F
D
C
B
A

Drei Baustile griechischer Tempel und ihre Hauptteile werden auf der linken Seite und oben dargestellt. Die Buchstaben bedeuten: (A) die Stufen und der Stylobat, die Grundfläche des Tempels; (B) der kannelierte Säulenschaft; (C) das Polster (Echinos) und die rechteckige Auflegeplatte (Abakos), die zusammen das Kapitell bilden; (D) der Architrav, der als Trägerbalken dient; (E) die glatten oder mit einem Relief versehenen Platten der Metopen; (F) die vorstehenden und kannelierten Platten der Triglyphen; (G) der Fries, bestehend aus den Metopen und Triglyphen; (H) das vorspringende Gesims und (I) das Pediment, der mit Figuren geschmückte Giebel zwischen den abfallenden Dachflächen. (J) zeigt das schneckenförmige Kapitell einer ionischen Säule und das von einem Kranz aus Akanthusblättern gesäumte Kapitell im korinthischen Stil; (K) die ausgekehlte Basis bei beiden Stilen und (L) die Plinthe, die Sockelplatte aus Setein, die nur im ionischen Stil vorkommt.

Innerhalb eines einzigen Gedichtes kann die Stimmung mehrfach umschlagen, immer aber spricht sie direkt vom Herzen, ist echt und menschlich. Den Griechen bedeutete die Lyrik ein unvergleichliches Medium, das ihnen half, die eigenen Stimmungen und Gefühle kennenzulernen.

Die Geburt der Philosophie. Es gab jedoch noch eine andere Art der Selbsterkenntnis, die sich auch eines anderen Mediums bediente. Nach dem, was wir aus der Dichtung über die griechische Religion wissen, forderte sie geradezu auf, nach dem Wesen der Dinge zu forschen. Wißbegierde war den Göttern genehm, weil sie den Menschen die herrlichen Werke der Götter enthüllte. Die Mythen hatten ehemals viel dazu beigetragen, einfachen Menschen die Welt zu erklären, nunmehr bedurfte es einer exakteren Darstellung von Fakten. Das war die Geburtsstunde der Wissenschaft und der Philosophie. Bereits im 6. Jahrhundert v. Chr. suchten ionische Griechen nach einer ursprünglichen Substanz, einer einzigen grundlegenden Materie, aus der, so schlußfolgerten sie, alle anderen Dinge hervorgegangen sein müssen. Drei Männer, alle drei aus Milet und alle drei Astronomen und Mathematiker, entwickelten ihre Theorien dazu. Thales (um 624—um 545) vermutete, die grundlegende Materie sei eine klare Flüssigkeit; Anaximenes (um 585—zwischen 528 und 525) nahm an, sie sei ein farbloses Gas; und Anaximander (um 610—um 547) glaubte an eine unbestimmbare, grenzenlose und unvergängliche Substanz.

Zur gleichen Zeit sann eine andere Gruppe von Männern, ebenfalls Ionier, über das Wesen des Seins nach. Diese Männer suchten nach einem einzigen, einheitlichen Prinzip, das erklären würde, warum die Dinge so und nicht anders waren.

Einer von ihnen war der in Ephesos lebende Heraklit (um 540—um 480). Heraklit glaubte, die unabdingbare Voraussetzung alles Seienden sei ein «Fließen» — nichts ist absolut, alles wandelt sich. Pythagoras, der auf Samos geboren wurde, aber einen Großteil seines Lebens in der griechischen Kolonie Kroton in Italien verbrachte, glaubte, dem Universum liege ein harmonisches Zahlensystem zugrunde. Eine seiner Auffassungen ist als der Pythagoreische Lehrsatz überliefert, der beweist, daß in einem rechtwinkligen Dreieck die Summe der Flächen der Quadrate über den beiden kürzeren Seiten gleich der Fläche des Quadrates über der langen Seite ist. Der dritte dieser frühen Philosophen war Xenophanes (um 570—um 475), der sich in Elea in Italien niedergelassen hatte, nachdem er durch die Perser aus seiner Heimat in Ionien vertrieben worden war. Xenophanes begründete eine philosophische Schule, die lehrte, daß das Universum gelenkt wird durch ein einziges, letztes, göttliches Wesen, das allein durch die Kraft des Geistes wirkt.

Obgleich diese frühen Wissenschaftler und Philosophen ihrem Werk höchste Bedeutung beimaßen und nicht zögerten, überlieferte Göttermythen zu verwerfen, wenn sie im Widerspruch zu ihren eigenen Theorien standen, glaubten sie dennoch an eine göttliche Lenkung der Welt. Waren sie genötigt, einen alten Mythos zweifelhaft erscheinen zu lassen, so schufen sie einen neuen an seiner Statt. Ihre Methoden waren im heutigen Sinne unwissenschaftlich. Sie, die am Anfang der Wissenschaft standen, verließen sich weitgehend auf Eingebungen des Augenblicks und Hypothesen. Dennoch sind einige ihrer Schlußfolgerungen erstaunlich. Anaximander zum Beispiel behauptete, die Welt sei nur eine unendliche Folge von Welten. Und Xenophanes erklärte, der Mensch sei unsprünglich aus dem Meer hervorgegangen; zum Beweis seiner Theorie legte er Fossilien vor.

Soziale Konflikte. Die Aristokraten fanden an dem Streben nach wissenschaftlicher Erkenntnis ebensoviel Freude wie an den schönen Künsten. Sie machten keinen Unterschied zwischen der Liebe zum Schönen und der Liebe zum Wahren. Und dennoch wurde diese augenscheinlich aufgeklärte Gesellschaft durch anhaltende Konflikte erschüttert. Das Leben war ange-

Ein Opferkalb wird zu einem Altar getragen. Tieropfer führten oft zu Lücken in der Fleischversorgung.

nehm für die Aristokraten, aber hart und entbehrungsreich für die Bauern und Sklaven.

Viele der Armen waren ständig dem Hungertod nahe und wandten sich daher mit ihren Forderungen nach Land und Einfluß an die Besitzenden. Gelegentliche Erfolge der Besitzlosen waren nie von langer Dauer. Infolgedessen war der Friede in Griechenland fortgesetzt durch Auseinandersetzungen innerhalb der Gesellschaft gestört. Manchmal waren die beiden Parteien so uneinig, daß die Regierung machtlos wurde. Dann eröffnete sich fähigen oder bedenkenlosen Männern die Möglichkeit, zur Spitze vorzustoßen und die Macht an sich zu reißen. Diese Männer, bekannt als Tyrannen, schufen zumindest eine Art Gleichgewicht. Die besten von ihnen versuchten sogar, die sich bekriegenden Parteien auszusöhnen.

Tyrannen machten oft Zugeständnisse an die ärmeren Klassen und zählten als Gegenleistung dafür auf deren Unterstützung, wenn es darum ging, sie in einer kritischen Situation in ihrem Amt zu bestätigen.

Tatsächlich war die Tyrannis eine Erweiterung des aristokratischen Systems. Unter der Herrschaft der Tyrannen erlangten die Stadtstaaten noch größere Einheit als zuvor. Dadurch wurden sie widerstandsfähiger. Da die Macht in den Händen eines einzelnen konzentriert war, konnten öffentliche Arbeiten und Unternehmungen in einem sonst unmöglichen Ausmaß durchgeführt werden. Es ist wahr, daß einige Tyrannen brutal und ungerecht waren und dem Wort «Tyrann» die abschätzige Nebenbedeutung gaben, die es heute hat. Andere hingegen waren wohltätig und hielten sich an die Gesetze. Die Tyrannen waren Sinnbild einer starken, aber gespaltenen Gesellschaft. Sie spiegelten die Neigungen und das Temperament dieser Gesellschaft, und ihre ungewöhnliche Macht gab ihnen ungeahnte Möglichkeiten, die hervorspringenden Züge dieser Gesellschaft wirkungsvoll zu entfalten.

Während des 7. und 6. Jahrhunderts v. Chr. paßten sich die meisten Stadtstaaten diesem sich wandelnden Modell aristokratischen Lebens an. Eine Stadt aber ging schließlich darüber hinaus, und eine andere gab nie die traditionellen aristokratischen Regierungs- und Lebensformen auf. Und wieder waren Athen und Sparta diese beiden Städte.

Sparta und Athen: Isolation gegen Weltoffenheit. Die kulturelle Blüte Spartas dauerte nicht an und veränderte die alten spartanischen Institutionen nicht. Letzte Zeugnisse dieser ehemaligen Periode der Anmut und Schönheit sind bemalte Töpfe und geschnitzte Elfenbeinarbeiten aus dem 6. Jahrhundert v. Chr.

Sparta stand hartnäckig abseits des Hauptstroms wirtschaftlichen Wandels. Als im 7. Jahrhundert v. Chr. Lydien in der gesamten griechischen Welt ein Münzsystem einführte und dadurch die wirtschaftliche Struktur in ihrer Gesamtheit vereinfachte, schloß Sparta sich dieser Regelung nicht an und benutzte weiterhin unhandliche Eisenstäbchen als Geldmittel. Sparta weigerte sich, Handel in ernsthaftem Ausmaß zu treiben, und zog es vor, eine von der Arbeit Leibeigener abhängige Agrargesellschaft zu bleiben. Auch weiterhin widmete es sich selbst in Friedenszeiten der Weiterentwicklung der Kriegskunst. Dieses Festhalten an Althergebrachtem war zum Teil auf Furcht gegründet: Sklaven und Leibeigene waren den spartanischen Bürgern zahlenmäßig weit überlegen. Die Herrenschicht der Spartiaten wandelte sich zur ständig geschulten, disziplinierten Kriegerkaste, die den Stadtstaat und die unterworfenen Gebiete mit harter Hand regierte.

Auch Athen war von sozialen Krisen nicht verschont worden. Die Bauernschaft wehrte sich gegen die Grundbesitzer, Tyrannen versuchten, sich an

Nicht zuletzt auf die demokratische Staatsform ist die kulturelle Blüte Athens im 6./5. Jahrhundert v. Chr. zurückzuführen. Wenn auch Demokratie hier nicht im heutigen Sinne verstanden werden darf, so gab doch das beispiellose Selbstbestimmungsrecht der Bürger kreativen Initiativen ungeheuren Spielraum. Wesentlich war, daß allen die Vorteile der Verfassung einleuchteten, daß sie sich für sie einsetzten. – Das hier gezeigte Relief zeigt die personifizierte Demokratie, die dem in Gestalt eines Mannes dargestellten Volk von Athen einen Kranz aufsetzt. Eine Mahnung, sich die Freiheit immer neu zu verdienen.

die Spitze des Staates zu stellen, unterstützt durch die Unzufriedenheit des Volkes. Solon gelang es, die Gegensätze mindestens teilweise durch sein großes Gesetzeswerk auszugleichen. Nach ihm regierte von 560 an der fähige Tyrann Peisistratos (um 600–527). Wenngleich selbst Aristokrat, kam er an die Macht, als er versprach, die Grundstücksgesetze zu liberalisieren. An die Macht gekommen, verwirklichte er sein Versprechen. Er wurde zweimal verbannt, als oppositionelle aristokratische Gruppen für

Der einfache Pflug war trotz eiserner Pflugschar zunächst nur eine geringe Hilfe für den griechischen Bauern. Bevor er den Boden bebauen konnte, mußte er meistens noch einmal zur Spitzhacke greifen und ihn auflockern.

kurze Zeit die Macht zurückerlangten. Aber in beiden Fällen gelang es ihm, zurückzukehren. Peisistratos verschönerte die Stadt, unterstützte Kunst und Dichtung, förderte das Drama und beauftragte gegen Ende seiner Regierungszeit eine Gruppe von Gelehrten, einen endgültigen Text der *Ilias* und der *Odyssee* abzufassen. Unter seiner Führung verstärkte Athen seine Bindungen an Ionien und erlangte dadurch einen größeren politischen Einfluß im gesamten ägäischen Raum.

Nach Peisistratos' Tod übernahmen seine Söhne Hippias (gest. 490) und Hipparch (gest. 514) die Herrschaft. Beiden mangelte es jedoch an dem Feingefühl und den Fähigkeiten des Vaters. Hipparch, der jüngere von beiden, wurde umgebracht; 510 v. Chr. wurde Hippias von einer Gruppe Athener Adliger, die während der Regierungszeit seines Vaters ins Exil gegangen waren, vertrieben. Die Verbannten waren von den Spartanern unterstützt worden, die zweifellos glaubten, auf die Tyrannis würde eine ihnen genehmere Regierungsform folgen. Tatsächlich jedoch führte Hippias' Sturz zu einer revolutionären Umwandlung, die Sparta nicht gelegen sein konnte.

507 v. Chr. wurde die Verfassung von Athen durch einen brillanten Reformer, den einer politisch sehr aktiven Athener Adelsfamilie entstammenden Kleisthenes, umgestaltet. Nach dieser neuen Verfassung waren

alle erwachsenen männlichen Bürger der Stadt und des von Athen beherrschten Landes automatisch Mitglieder der Volksversammlung und hatten ein Mitspracherecht in öffentlichen Angelegenheiten. Mit Recht behaupteten die Athener von sich, daß ihre Verfassung Gleichheit vor dem Gesetz, politische Gleichberechtigung und Redefreiheit gewährte. Wenn diese Regierungsform auch noch nicht alle Merkmale einer repräsentativen Demokratie trug, so enthielt sie doch alle Voraussetzungen dazu. Die neuerlangte politische Freiheit gab den Athenern nicht nur Selbstvertrauen und Stärke, sondern auch das Gefühl innerer Unabhängigkeit.

Durch diese Entwicklung beunruhigt, fielen die Spartaner 506 v. Chr. in Attika ein, wurden aber von den Athenern zurückgeschlagen. In ihrem Glauben an sich selbst bestärkt, annektierten die Athener daraufhin das Staatsgebiet von Oropos an ihrer Nordküste und eroberten die fruchtbare Ebene von Chalkis jenseits der Meerenge von Aulis. Die Insel Ägina, in Sichtweite der Stadt im Saronischen Golf gelegen, wurde ebenfalls angegriffen. Die Athener vermochten jedoch nicht, die Insel zu unterwerfen, und gaben deshalb den Versuch in der Folgezeit wieder auf.

Dennoch war Athen augenscheinlich auf dem Vormarsch. Ehemals ein einzelner Staat unter vielen, ohne besonderen Vorrang, stand Athen nun am Anfang einer Entwicklung, in deren Verlauf es zur tatkräftigsten und einflußreichsten Macht der griechischen Welt werden sollte. Die Ergebnisse dieser Entwicklung sollten nicht unmittelbar in ihrem ganzen Ausmaß sichtbar werden, denn für eine dramatische und ereignisreiche Periode forderte ein dringendes Problem die volle Aufmerksamkeit Athens, Spartas und der meisten anderen griechischen Städte: Es galt, einem Angriff von außen zu begegnen, einem in Griechenland eindringenden Feind die Spitze zu bieten, es galt, die Perser zu überleben.

ΔΑΡΕΙΟΣ
ΠΕΡΣΑΙ

4. Die Perserkriege

Während die junge griechische Kultur an Kraft und Sicherheit gewann, dehnte eine andere Kultur im Osten ihren Machtbereich aus. Im Gegensatz zu den Griechen, denen die persönliche Freiheit unabdingbar war, unterwarfen sich die Perser ihren absoluten Herrschern. Diese persische Autokratie sollte bald zu einer Herausforderung für die Griechen werden. Die Griechen mußten erfahren, daß es manchmal notwendig ist, partikularistische Interessen aufzugeben und regellose Freiheit zu beschneiden, wenn man die Freiheit überhaupt bewahren will. Nur langsam lernten sie diese Lektion, und zeitweilig hing das Schicksal der westlichen Kultur von dem Ausgang kleinlicher Dispute unter den griechischen Stadtstaaten ab.

Jahrhundertelang war es zwischen den griechischen Kolonialstädten an der Küste Kleinasiens und den großen Reichen des Ostens nur zu unbedeutenden Auseinandersetzungen gekommen. Die Macht Babyloniens und Assyriens hatte sich niemals so weit in den Westen erstreckt. Als jedoch in der ersten Hälfte des 7. Jahrhunderts v. Chr. der Lyderkönig Gyges (gest. 652) sein Königreich vom Landesinneren bis an die Küste ausdehnte, wurden auch die griechischen Städte angegriffen. Unter späteren lydischen Königen erlangten sie zwar eine relative Autonomie, konnten sich jedoch niemals völlig von der Herrschaft der Lyder befreien. Der letzte lydische König, Krösus (gest. 546), der sich durch den Abbau der Goldlagerstätten seines Landes zum reichsten Staatsoberhaupt seiner Zeit gemacht hatte, war ein großer Bewunderer der Griechen. Er sandte königliche Geschenke zum berühmten Altar des Apoll in Delphi, wo sich ein verehrtes Orakel und das bedeutendste Heiligtum der Griechen befand.

546 v. Chr. griff Kyros der Große (gest. 529), seit 559 König von Persien, Krösus an und besiegte ihn. Kyros hatte vorher bereits Persien mit Medien und Assyrien zu einem ausgedehnten Herrschaftsgebiet vereinigt. Krösus versuchte, ihn aufzuhalten, und seine Hoffnung auf Erfolg wurde bekräftigt, als das delphische Orakel ihn wissen ließ, er werde «ein großes Reich zerstören». Er nahm an, daß damit nur das Reich des Kyros gemeint sein konnte, doch er zerstörte sein eigenes Reich. Niedergeschlagen soll Krösus nach seiner Gefangennahme in Sardes, der Hauptstadt seines Reiches, bemerkt haben: «Niemand ist so töricht, den Krieg

In einem Kriegsrat beschließt der Perserkönig Darius, in Griechenland einzufallen. Er empfängt Herrscher unterworfener Gebiete, die ihm tributpflichtig sind. Das nebenstehende Werk wurde um 325 v. Chr. in Süditalien ausgeführt.

dem Frieden vorzuziehen, in dem nicht Söhne ihre Väter, sondern Väter ihre Söhne begraben. Aber es war der Wille der Götter.»

Nachdem Kyros Lydien erobert hatte, drang er mit seinem gut ausgebildeten Heer bis an die Küste vor und unterwarf alle größeren ionischen Kolonien, ausgenommen die Insel Samos, die unter der entschlossenen Führung des Tyrannen Polykrates (gest. um 522) aushielt. Polykrates verband eine im Piratenstil geführte Seeherrschaft mit einem freigebigen Patronat der Künste. Er plünderte Freund und Feind, gab dann jedoch den Freunden ihr Eigentum zurück, in der Annahme, sie wären ihm weniger dankbar, hätte er sie von vornherein verschont. Darüber hinaus leistete er auf dem Gebiet des Bauwesens Pionierarbeit. In seinem Hafen baute er eine Steinmole, und für die Wasserversorgung seines Palastes ließ er einen Tunnel durch einen Berg graben. Den Persern war er jedoch auf die Dauer nicht gewachsen. Sie lockten ihn auf das Festland und kreuzigten ihn. Darius, König der Perser von 522 bis 486, war damit unumschränkter Herrscher über ganz Ionien.

Ionien unter persischer Herrschaft. Die Perser nahmen ihren Untertanen jegliche Autonomie. Sie unterstellten die örtlichen Tyrannen, die sie teilweise an die Macht gebracht hatten, persischen Provinzgouverneuren, Satrapen genannt, und zwangen die Ionier, Tribute zu entrichten und Militärdienst zu leisten. Die Griechen auf dem Festland jenseits der Ägäis taten recht wenig, um die Unterwerfung aufzuhalten. Sparta machte eine Geste: Es entsandte Botschafter, die gegen das Vorgehen der Perser protestierten und daran erinnerten, daß Sparta das Recht beanspruchte, alle griechischen Städte zu beschützen. Es versäumte jedoch, dem Protest Taten folgen zu lassen. Andere Städte auf dem griechischen Festland protestierten nicht einmal.

Der ionische Aufstand. Eine Zeitlang unterwarfen sich die Ionier dem persischen Regime, wenngleich widerwillig. 500 v. Chr. jedoch revoltierten sie. Diesmal entsandten Athen und Eretria auf der Insel Euböa zwanzig bzw. fünf Schiffe mit Soldaten zur Unterstützung. Die Ionier begannen vielversprechend. Sie drangen bis nach Sardes im Inneren des Landes vor und setzten die Stadt in Brand. Nach diesen Anfangserfolgen kehrten die Verbündeten aus Athen und Eretria jedoch in die Heimat zurück, und die Ionier waren auf sich selbst gestellt. Eine Zeitlang kämpften sie hartnäckig weiter, aber schließlich brach der Aufstand zusammen. 495 v. Chr., in dem entscheidenden Gefecht, einer Seeschlacht bei der Insel Lade vor Milet, wurde die 353 Schiffe umfassende Flotte aus neun ionischen Städten nach Aussage des Historikers Herodot von 600 in persischen Diensten stehenden Schiffen überwältigt – die letztere der genannten Zahlen mag eine Übertreibung Herodots sein.

Die Ausrüstung eines Soldaten umfaßte viele Teile, von denen einige nützlich, andere aber auch nur hinderlich waren. Der Bronzehelm (oben), der in der Regel mit einem Federbusch aus gefärbtem Pferdehaar geschmückt war, beeinträchtigte die Sicht und das Hören, schützte jedoch den Kopf. Das Kurzschwert und die Lanze, deren Metallspitze rechts abgebildet ist, waren die Hauptwaffen.

Um die Griechen für diesen Aufstand zu züchtigen, brandschatzten die Perser Milet und brachten einen Teil der Bevölkerung an die Mündung des Tigris im Persischen Golf, mehr als 1600 Kilometer von Milet entfernt. Die Vernichtung Milets war ein furchtbarer Schlag für die Griechen. Milet war mit mehr als sechzig eigenen Kolonien, die von der Adria bis an den Hellespont reichten, die reichste und prächtigste aller ionischen Städte gewesen. Als wenig später der Athener Dichter Phrynichos die Zerstörung der Stadt zum Gegenstand seiner Tragödie *Die Eroberung Milets* wählte, weinten die Athener so bitterlich, daß der Dramatiker mit einer Geldstrafe von tausend Drachmen belegt wurde, weil er sein Publikum in eine so gedrückte Stimmung versetzt hatte.

Darius rüstet gegen die Griechen. Von seiner Hauptstadt aus hatte Darius den Verlauf des ionischen Aufstandes verfolgt, und sicherlich wird ihm auch der Abzug der griechischen Festlandstruppen nach Sardes nicht entgangen sein. Auf Grund dieses Zeichens von Schwäche und im Vertrauen auf die eigene Stärke muß ihm die Unterwerfung der Griechen als eine Kleinigkeit erschienen sein. Darius war der alleinige Herrscher über ein gewaltiges Reich, das sich von Ägypten bis nach Indien und vom Persischen Golf bis an das Schwarze Meer erstreckte, ein Gebiet, das mehr als fünf Millionen Quadratkilometer umfaßte. In einem Relief über dem Eingang des zerstörten Königspalastes in Persepolis ist er dargestellt. Das Werk kündet von seiner Allmacht unter der Schutzherrschaft des Ahura Masda, des obersten Gottes der Perser. Die Stufen des Palastes waren mit Friesen verziert, auf denen Züge von Soldaten, Beamten, Tributpflichtigen und Sklaven vorbeidefilieren und ihm, dem Großkönig, ihre Unterwürfigkeit bekunden.

Jedoch Darius war mehr als nur ein orientalischer Despot. Er war ein scharfsinniger, aggressiver Führer, aufgeschlossen für Baukunst und verschlagen in Geldangelegenheiten. Von seinen Zeitgenossen wurde er «Der Krämer» genannt, denn, so schreibt Herodot: «Darius versuchte, aus allem seinen Nutzen zu schlagen.» Dem Dareikos, der Goldmünze, auf der sein Währungssystem aufbaute, gab er seinen Namen. Er unterstützte die Wirtschaft seines Landes durch festgesetzte jährliche Steuern. Er baute einen Kanal, der den Nil mit dem Roten Meer verband, und ein Netzwerk von Straßen, das die Truppenbewegung erleichterte. Eine dieser Heerstraßen, die Königsstraße, führte in einer Länge von 2400 Kilometern von Susa, nahe dem Persischen Golf, nach Sardes, nahe der Ägäis. Der Beamte, der dafür verantwortlich war, daß diese Straßen in gutem Zustand erhalten wurden und stets befahrbar blieben, zählte zu den wichtigsten Verwaltern am Hofe des Darius und wurde «Auge des Königs» genannt.

492 v. Chr. brach Darius zum erstenmal zu einem Zug gegen das griechische Festland. Eine riesige Streitmacht unter der Führung seines Schwiegersohnes Mardonios (gest. 479) sollte zunächst Thrakien und Mazedonien unterwerfen und dann, wenn möglich, nach Süden in die griechische Halbinsel eindringen. Mardonios erfüllte den ersten Teil dieser Aufgabe, erlitt jedoch am Berg Athos Schiffbruch, als er die Halbinsel Chalkidike in Mazedonien umsegeln wollte, und mußte zurückkehren.

Darius schickte daraufhin Gesandte zu allen griechischen Staaten und forderte deren Unterwerfung. Zum Zeichen der Unterwerfung sollten sie

Das Bild zeigt die bronzene Spitze eines griechischen Sturmbocks. Der Abguß eines Widderkopfes ziert sie. Sturmböcke wurden gegen Stadtmauern eingesetzt.

«Erde und Wasser» als symbolische Gaben entrichten. Einige Staaten fügten sich, nicht jedoch Sparta und Athen. Herodot zufolge warfen die Athener die persischen Gesandten in eine Grube und riefen ihnen zu, sie sollten sich Erde nehmen. Die Spartaner warfen die Gesandten in einen Brunnen, damit sie sich ihr Wasser nehmen könnten. Beide Geschichten entbehren jedoch der historischen Wahrscheinlichkeit. Zumindest Athen befand sich seit dem ionischen Aufstand im Krieg mit den Persern. Beide

Staaten taten nichts, um sich gegen ein Vorgehen der Perser zu wappnen. Athen war damit beschäftigt, eine demokratische Regierungsform auszuarbeiten, und sah gleichzeitig mit habgierigen Augen auf seine Nachbarn. Sparta mit seinen zwei Königen war, was die Bedrohung durch die Perser anging, buchstäblich geteilter Meinung.

Der erste Perserkrieg. 490 v. Chr. holte Darius zu einem neuen Schlag aus. Mit einer Flotte von 600 Schiffen und einem gutausgerüsteten Heer überquerten die Feldherrn Datis und Artaphernes die Ägäis. Ihr Ziel war die Bucht von Marathon, ihr Plan, dort ihre Truppen auszuschiffen und dann auf dem Landwege gegen Athen zu ziehen. Für den Fall, daß es notwendig werden sollte, die Halbinsel zu umsegeln und Athen von seinem Hafen Phaleron aus anzugreifen, ankerten sie ihre Schiffe dicht vor der Küste.

Erst als der Feind auf ihrem Boden stand, erkannten die Athener die Größe der Gefahr. In dieser Situation gaben sie ein bemerkenswert erfolgreiches Beispiel für schnelles Planen. In letzter Minute entschieden sie sich für eine Strategie und Taktik, die sich als fehlerlos erweisen sollte. Das größte Verdienst an diesen Plänen hatte ein fähiger und entschlossener Feldherr namens Miltiades (540—um 489). Miltiades war Statthalter im thrakischen Chersones gewesen und hatte dort die Kampfesweise der Perser aus erster Hand kennengelernt. Er überredete seine Mitfeldherrn, nicht den Angriff der Perser abzuwarten, sondern selbst die Offensive zu eröffnen. Er riet, sich unverzüglich in Bewegung zu setzen und die Perser bei Marathon zu stellen. Einerseits wollte er soviel wie möglich des Landes vor der Verwüstung bewahren, andererseits hoffte er, die Pläne möglicher Verräter vereiteln zu können.

Die Schlacht bei Marathon. Bei Marathon, einer von Bergen gesäumten Ebene am Meer, ergriff Miltiades die Initiative. Er befahl seinen Fußtruppen (Hopliten), in fester Ordnung über eine Distanz von «mehr als einem Kilometer», so behauptet Herodot, im Laufschritt vorzurücken. Für die Griechen war das eine neue Taktik, die die Perser offensichtlich überraschte. Herodot schreibt, daß die Perser, als sie die Griechen ohne Unterstützung durch Reiterei und Bogenschützen heranstürmen sahen, «sich rüsteten, sie zu empfangen. Sie hielten es für ein ganz tolles, selbstmörderisches Beginnen.» Aber der Ansturm war mehr, als die Perser verkraften konnten. Sie wurden auf ihre Schiffe zurückgedrängt oder aber ins Meer getrieben. Herodot behauptet, daß sich die Verluste der Perser bei Marathon auf annähernd 6400, die der Athener auf 192 Männer beliefen.

Nachdem Miltiades einen Läufer mit der Siegesbotschaft nach Athen entsandt hatte, eilte er mit seinem Heer zurück, um sich den persischen Streitkräften, die sich nun auf dem Seeweg Phaleron näherten, erneut entgegenzustellen. Als die Perser Kap Sunion umsegelten und sich der Küste näherten, fanden sie Miltiades in einer so beherrschenden Stellung, daß eine Landung unmöglich war. Daraufhin traten die Perser den Rückzug an.

Der Läufer hatte mittlerweile die 35 Kilometer lange Strecke von Marathon nach Athen zurückgelegt. Nachdem er seine Botschaft «Wir haben gesiegt» herausgekeucht hatte, brach er tot zusammen.

Für die Athener kam der Sieg so überraschend, daß sie ihn sich nur durch das Mitstreiten der Götter und Helden auf ihrer Seite erklären konnten. Die Toten von Marathon wurden in einem großen, noch heute sichtbaren Ehrenhügel auf dem Schlachtfeld beigesetzt. Die Veteranen von Marathon standen ihr Leben lang in großem Ansehen.

Xerxes und Themistokles rüsten. In den nächsten zehn Jahren blieben die Griechen verschont. Persien war mit anderen Dingen beschäftigt — durch den Tod des Darius bedingte Umwandlungen und ein Aufstand in Ägypten waren vordringlicher. Aber Darius' Sohn Xerxes (um 519—465), der 485 v. Chr. die Thronfolge antrat, war entschlossen, den Plan seines Vaters fortzuführen. Jahrelang stand bei den Mahlzeiten ein Sklave neben ihm, der ihm zuflüsterte: «Herr, gedenke der Athener.» Xerxes' Kriegsvorbereitungen waren noch gründlicher als die seines Vaters. Er vollbrachte die für die damalige Zeit gewaltige Leistung, einen Kanal durch die östlichste Halbinsel der Chalkidike graben zu lassen, um den Berg Athos zu umgehen, an dem die Schiffe auf dem ersten Feldzug seines Vaters gescheitert waren.

Zur gleichen Zeit trugen in Athen politische Führer ihre internen Streitigkeiten aus. Außerdem war Athen in militärische Scharmützel mit der damals stärksten griechischen Seemacht, der benachbarten Insel Ägina, verwickelt. Nach und nach, als immer mehr Menschen das Stimmrecht erlangten und die Volksversammlung an Bedeutung gewann, schwand der Einfluß der Aristokratie. Schließlich wurde ein Mann tonangebend: Themistokles (um 525 — 460?). Themistokles war die Verkörperung athenischer Tatkraft. Heftig und ungestüm in seiner Jugend, von schneller Auffassungsgabe und an öffentlichen Angelegenheiten interessiert, war er das Idealbild eines Politikers, was ihm offensichtlich auch bekannt war. Als junger Mann hatte er einmal gesagt: «Ich werde in die Politik gehen, bis ich an führender Stelle stehe.» Und später: «Ich kann zwar nicht Leier spielen, auch weiß ich nicht mit einer Harfe umzugehen, aber unter meinen Händen wächst ein kleiner, unscheinbarer Staat zu Größe und Ruhm.»

In der Begründung einer Seemacht sah Themistokles die geeignete Maßnahme, für die Zukunft Vorsorge zu treffen. Diese Ansicht fand naturgemäß starke Unterstützung bei den Bevölkerungsschichten, die von der Seefahrt lebten. Bereits 493 v. Chr. hatte er den Plan gefaßt, im Piräus einen neuen Hafen für Athen anzulegen, da der Piräus viel einfacher zu befestigen war als der gegenwärtige Hafen in Phaleron. Tatsächlich hatte er schon vor dem Angriff der Perser begonnen, den Piräus mit einem Schutzwall zu umgeben. Nach dem Rückzug der Perser überzeugte er die Volksversammlung von der Notwendigkeit, diesen Wall zu vollenden. Als man dann im Süden Attikas auf eine reiche Silbermine stieß, gelang es ihm ebenfalls, die Volksversammlung so zu beeinflussen, daß sie die Überschüsse aus den Bergwerken für den Ausbau der Flotte bewilligte. Kurz bevor Xerxes 480 v. Chr. erneut aufbrach, war der Ausbau der Flotte nahezu abgeschlossen.

Der zweite persische Krieg. Dank der Umsichtigkeit des Themistokles war Athen weit besser als irgendein anderer griechischer Staat auf die kommende Krise vorbereitet. Gleichwohl jedoch genoß Sparta in militärischen Fragen ein so ungeheures Ansehen, daß die Griechen den Spartanern und nicht den Athenern die Führung gegen Xerxes antrugen. 481 v. Chr. kamen auf Einladung Spartas Vertreter aller griechischen Staaten zusammen und beschlossen, ihre internen Fehden angesichts der allgemeinen Bedrohung beizulegen. Sie nannten sich «Bund der Griechen» und übertrugen Sparta den Oberbefehl über ihre Streitkräfte. Zunächst zog man in Erwägung, die Truppen auf dem Isthmus von Korinth, der schmalen Landspitze, die den Peleponnes mit dem übrigen Griechenland verbindet, zusammenzuziehen. Dieser Plan wurde jedoch verworfen, weil man so Mittel- und Nordgriechenland dem Feind kampflos überlassen würde und Athen dann den Persern unmittelbar ausgesetzt wäre.

Die Griechen beschlossen dann, sich dem Feind nahe der Nordgrenze Thessaliens am Tempe-Paß zu stellen. Da diese Position sie allerdings im Rücken ungedeckt lassen würde, zogen sie sich schließlich auf den schmalen Paß der Thermopylen an der Südgrenze Thessaliens zurück — eine militärisch weise, aber politisch unkluge Maßnahme. Die Nordgriechen fühlten sich preisgegeben und unterwarfen sich dem Feind ausnahmslos, was seinerseits wiederum die defätistischen Elemente in den Reihen der Griechen weckte. Einige Griechen glaubten nämlich, daß es unmöglich sei, dem Heer des Xerxes mit seinen ungeheuren Menschen- und Materialreserven wirkungsvoll Widerstand zu leisten. Sie hielten es für geraten, zu den besten Bedingungen, die man aushandeln konnte, Frieden zu machen. Zur Bekräftigung ihrer Ansicht suchten sie Zuflucht bei den Weissagungen des Orakels von Delphi, das auf zeitbedingte und geistige Fragen großen Einfluß hatte.

Das Orakel verkündete zunächst, daß es hoffnungslos sei, Widerstand zu leisten. Es prophezeite Athen und Sparta eine vernichtende Niederlage. Eine zweite Antwort war zwar weniger deprimierend, dafür aber zweideutig:

Nur die hölzerne Mauer schenkt Zeus seiner Tochter Athene,
Sie allein bleibt heil zur Rettung für dich und die Kinder.

Athen und Sparta entschlossen sich, diesen Spruch als eine Bekräftigung ihrer Verteidigungsbereitschaft auszulegen, obwohl mit «hölzernen Mauern» sowohl Palisaden, die damals die Akropolis in Athen umschlossen, als auch Schiffsrümpfe gemeint sein konnten. Darüber hinaus konnten die beiden Staaten sich allerdings immer noch nicht auf eine gemeinsame Politik einigen. Sparta drängte weiterhin auf eine auf den Peloponnes beschränkte Verteidigung und gab diesen Plan erst auf, als Athen drohte, daß es für diesen Fall die Unterstützung durch seine schlagkräftige Flotte versagen würde.

Der persische Vormarsch. Xerxes war inzwischen weiter gegen Europa vorgerückt. Den Umfang seiner Streitmacht gibt Herodot mit überwältigenden Zahlen an: 2 641 610 Krieger, unterstützt durch 1207 Kriegsschiffe und 3000 kleinere Wasserfahrzeuge. Die meisten modernen Historiker sind jedoch der Ansicht, daß das persische Heer nicht mehr als 150 000 Kampffähige gezählt haben muß, während die Flotte wahrscheinlich aus 700 bis 800 Kriegsschiffen bestanden hat. Als Xerxes den Hellespont erreichte, befahl er, eine Schiffsbrücke über die Meerenge zu schlagen. Sie wurde jedoch in einem Sturm zerstört. Daraufhin, so berichtet Herodot, war Xerxes «ergrimmt und befahl, den Hellespont durch 300 Geißelhiebe zu züchtigen und ein Paar Fußfesseln ins Meer zu versenken. Ja, man berichtet, daß er auch Henkersknechte geschickt habe, um dem Hellespont Brandmale aufzudrücken. Sicher ist, daß er Auftrag gegeben hat, den Hellespont mit Ruten zu peitschen und . . . rohe, gottlose Worte zu sprechen . . . Den Aufsehern des Brückenbaus wurde der Kopf abgeschlagen.» Anderen Aufsehern wurde auferlegt, eine zweite Brücke zu bauen, und diesmal waren sie erfolgreicher. Eine Brücke bestand aus 314, die andere aus 360 zusammengebundenen Booten, die den Hellespont in einer Länge von etwas über zwei Kilometern überspannten. Um zu verhindern, daß die Pferde und Lasttiere scheuten, wurde die Fahrbahn auf beiden Seiten mit einer Reling verkleidet, die den Blick auf das Meer verstellte.

Zur Karte auf den beiden folgenden Seiten:
Die bedeutendsten Schlachten und Feldzüge der Perserkriege werden auf dieser Karte skizziert. — Als Xerxes sein Heer über den Hellespont führte, so berichtet Herodot, bestand es nicht nur aus Medern und Persern in eisernen Schuppenrüstungen, sondern umfaßte auch andere, verschiedenartig ausgerüstete Truppen: Assyrer mit Messinghelmen; Westäthiopier mit Leoparden- und Löwenfellen bekleidet; Inder in Baumwollgewändern, bewaffnet mit Bogen aus Rohr; Skythen mit Bogen, Dolchen und Streitäxten. Den imposantesten Anblick in diesem Heer jedoch boten die Zehntausend, eine persische Elitetruppe, die in goldgeschmückten Rüstungen marschierte, begleitet von Dienern und Frauen.

MAZEDONIEN
ILLYRIEN
CHALKIDIKI
OLYMP
EPIROS
THESSALIEN
Pagasai
Winterlager des persischen Heeres, 480–479 v. Chr.
Thermopylen 480 v. Chr.
Artemision 480 v. Chr.
EUBÖA
LOKRIS
PHOKIS
BÖOTIEN
Platää 479 v. Chr.
ATTIKA
ACHÄA
Megara
Korinth
Salamis 480 v. Chr.
PELOPONNES
Argos
AEGINA
Sparta
IONISCHES MEER
N
DIE PERSERKRIEGE
Perserreich 497 v. Chr.
Von Persien 496 - 493 v. Chr.
Von Persien zurückeroberte Gebiete, Mardonios' Feldzug 492 v. Chr.
Pro-persische und neutrale Staaten 491 - 479 v. Chr.
Verbündete Griechen
Hauptschlachten

THRAKIEN
SCHWARZES MEER
Doriskos
Sammelplatz von Xerxes' Flotte, 480 v. Chr.
THASOS
ATHOS
ABYDOS
Brücken
HELLESPONT
MARMARA MEER
LEMNOS
TENEDOS
KLEIN ASIEN
ÄOLIA
Route von Xerxes' Heer
LESBOS
ÄGÄIS
Winterlager der persischen Flotte, 480–479 v. Chr.
Sardis
Winterlager von Xerxes' Heer, 481–480 v. Chr.
CHIOS
IONIEN
SAMOS
Mykale 479 v. Chr.
Milet
Lade 494 v. Chr.
LAURION SILBERMINEN
SPORADEN
KYKLADEN
NAXOS
Maßstab
0
50
100 Kilometer

Xerxes an den Thermopylen. Nach dem Überschreiten des Hellespont rückte Xerxes auf einer klassischen Invasionsroute gegen Griechenland vor. Er marschierte größtenteils parallel zur Küste, so daß die persischen Schiffe immer zur Unterstützung und Versorgung der Landmacht zur Stelle waren. An den Thermopylen — damals ein schmaler, 15 Meter breiter Hohlweg zwischen den Bergen und dem Meer, der heute jedoch durch die Anschwemmungen eines nahen Flusses zu einer stellenweise fünf Kilometer breiten Ebene erweitert ist — traf Xerxes auf einen Vortrupp des griechischen Heeres. 300 spartanische Krieger und 1000 Lakedämonier waren unter Führung ihres Königs Leonidas nach Norden marschiert, in der Hoffnung, ihre Verbündeten würden nach Abschluß der Olympischen Spiele, die zur gleichen Zeit stattfanden, nachfolgen. Auf dem Marsch hatte Leonidas mehr als 5000 zusätzliche Soldaten um sich gesammelt, so daß er, als er sein Ziel erreichte, über etwa 7000 Mann verfügte, darunter über 4000 Peleponnesier.

Vier Tage lang wartete Xerxes. In dieser Zeit gingen seine Infanterie und die Reiterei in einer langgestreckten Linie in Stellung. Gleichzeitig hatte Xerxes einen Spion zur Beobachtung des feindlichen Lagers ausgesandt. Herodot berichtet, Xerxes habe verächtlich gelacht, als ihm der Spion berichtete, die Spartaner brächten ihre Zeit damit zu, gymnastische Übungen zu treiben und ihr langes Haar zu kämmen. Ein Berater des Königs erklärte ihm jedoch, daß es Brauch sei bei den Spartanern, «daß sie ihr Haupt schmücken, wenn sie zum Kampf auf Leben und Tod ausziehen . . .» Er erzählte ihm weiterhin, daß die Perser im Begriff wären, «dem erlauchtesten Königreich und dem tapfersten Heer in Hellas gegenüberzustehen».

Am fünften Tag nach Erreichen der Thermopylen griff Xerxes an. Drei Tage lang dauerte die Offensive der Perser; als der Erfolg ausblieb, soll der König «dreimal, aus Furcht über sein Heer, von seinem Thron aufgesprungen sein». Aber dann wendete sich das Blatt. Die Schlacht nahm den verzweifelten, großartigen Charakter an, der alle heldischen Kämpfe gegen eine hoffnungslose Übermacht auszeichnet. Ein griechischer Verräter, Ephialtes, zeigte den Persern einen Weg über die Berge, der es ihnen ermöglichte, einen Stoß in den Rücken der Griechen zu führen. Leonidas erkannte die veränderte Lage auf der Stelle und sandte den Hauptteil des griechischen Heeres zurück. Er behielt nur seine Spartaner

Xerxes' Brücken über den Hellespont werden in dieser Zeichnung wiedergegeben, die nach den Angaben moderner Militärsachverständiger angefertigt wurde. Die Boote sind Pentekonteren, 50rudrige Galeeren. Sie wurden an Heck und Bug verankert und in Abständen von 2,5 bis 3,5 Metern miteinander verbunden. Aus dicken Planken, die auf langen Trossen ruhten und mit Strohmatten und Erde bedeckt waren, entstand eine Brücke.

und eine ausgesuchte Gruppe von Verbündeten (Thespier, Thebaner) bei sich, entschlossen, die Perser so lange als möglich aufzuhalten. Er griff an und wurde nahezu auf der Stelle getötet. «Über die Leiche des Leonidas», berichtet Herodot, «entbrannte ein heftiger Kampf zwischen den Persern und den Lakedämoniern, bis die tapferen Hellenen den Leichnam an sich rissen und den Gegner viermal zur Flucht zwangen.» Führerlos kämpften die Griechen weiter, bis sie schließlich auf einen kleinen Hügel zusammengedrängt wurden. «Hier», so Herodot, «wurden sie, mit Dolchen sich wehrend, soweit sie noch Dolche hatten, oder mit Händen und Zähnen kämpfend, unter den Geschossen der Barbaren begraben.»

Der verzweifelte Widerstand hatte jedoch sein Ziel erreicht. Das persische Heer war so lange an der Pforte nach Mittelgriechenland aufgehalten worden, bis sich die in aussichtsloser Lage gefangene griechische Flotte durch den schmalen Sund des Euripos nach Süden hatte zurückziehen können.

Der Fall Athens. Nach der Einnahme der Thermopylen durchquerte Xerxes Mittelgriechenland unbehindert und zog gegen Athen in die zweite Phase des Krieges. Statt die Verteidigung der Stadt vorzubereiten, griffen die Griechen ihren ursprünglichen Plan wieder auf — sie zogen ihre Truppen auf dem Isthmus von Korinth zusammen. Athen, das damit den Persern preisgegeben war, mußte evakuiert werden. Themistokles ordnete an, daß Frauen und Kinder nach Ägina, Salamis und Troezen in Sicherheit gebracht werden sollten, und rekrutierte alle wehrtüchtigen Männer für die griechische Flotte, mit der er nunmehr neue Pläne hatte. Er schlug vor, den Feind in einer Seeschlacht zu stellen, um ihn dann zum Rückzug auf dem Landwege zu zwingen.

In der allgemeinen Verwirrung bei der Evakuierung Athens, so schreibt Plutarch (um 46—nach 120), «mußte man viele Athener wegen ihres hohen Alters in der Stadt zurücklassen. Und zu Tränen rührten die zahmen Haustiere, die ihren Herren heulend und winselnd bis an die Schiffe nachliefen. So erzählt man von dem Hund, der dem Xanthippos, dem Vater des Perikles, gehörte: er habe sich von seinem Herrn nicht trennen wollen, sei ins Wasser gesprungen und neben dem Schiff hergeschwommen. Als er aber die Insel erreicht hatte, brach er infolge Überanstrengung tot zusammen.»

Während Xerxes seiner Absicht gemäß Athen einnahm, war Themistokles in politische Verhandlungen verwickelt, um seinen Plan durchzusetzen, eine entscheidende Schlacht zwischen der griechischen und der persischen Flotte herbeizuführen. Die meisten peloponnesischen Kommandanten plädierten dafür, die griechischen Schiffe an das westliche Ende des Saronischen Golfes, unmittelbar vor dem Isthmus, zurückzuziehen, wo auch das griechische Heer stand. Themistokles jedoch war entschlossen, die Flotte bei Salamis zu belassen und in dem engen Kanal zwischen der Insel und dem Festland, unweit Athen, zu kämpfen. Er glaubte, die Enge des Kanals würde ihm einen taktischen Vorteil bieten, hatte aber darüber hinaus noch ein anderes Motiv, diesen Kampfplatz zu wählen: Er war darauf bedacht, die Perser aufzuhalten, bevor sie zu tief in griechische Gewässer eindringen konnten. Wenn es möglich war, die persische Flotte an einem Punkt unweit Athen zu besiegen, mußte es ebenfalls möglich sein, Xerxes zum Abzug aus der Stadt zu zwingen.

Die Schlacht bei Salamis. Schließlich erlangte Themistokles die Zustimmung der anderen griechischen Kommandanten. Um die Perser zum Angriff zu bewegen, bediente er sich einer List. Heimlich ließ er ihnen durch einen zuverlässigen Sklaven eine Nachricht zukommen, die Wohlwollen heuchelte und sie davon unterrichtete, daß die griechische Flotte eingeschüchtert sei und davonzusegeln gedenke, bevor es zum Kampf kommen könne. Xerxes reagierte genauso, wie Themistokles es erhofft hatte: Er griff die griechische Flotte an, und die Schlacht von Salamis war eröffnet. In gewisser Hinsicht wurde in dieser Schlacht eine Taktik vorweggenommen, mit der etwas über zwei Jahrtausende später Sir Francis Drake (1540–96) die spanische Armada vernichten wollte. Die persische Flotte war zahlenmäßig überlegen, aber gerade dadurch im Nachteil. Die Schiffe waren in ihrer Bewegungsfreiheit gehemmt, gerieten einander in den Weg und verloren schließlich jegliche Aktionseinheit, vor allem nachdem die athenischen Schiffe den Gegner durch einen Flankenstoß noch enger zusammengedrängt hatten. Die griechische Flotte andererseits war zahlenmäßig unterlegen, aber besser bemannt, die Schiffe waren kleiner und leichter zu manövrieren. Darüber hinaus waren sie mit einem Rammsporn versehen. Sie stießen gegen die Perser vor, trieben ihre Schiffe gegeneinander und zerstörten sie. Dann zwangen sie sie mit Hilfe eines günstigen Windes zum Rückzug, umsegelten sie und fingen die Nachzügler ab.

Die Perser hatten eine vernichtende Niederlage erlitten. Das Meer war mit Schiffstrümmern und erschlagenen Männern besät, und am Ufer türmten sich die Toten. Xerxes war von seinem Thron am Ufer aus Augenzeuge des Blutbades geworden. Herodot berichtet, daß er nur für einen Menschen, eine Frau, freundliche Worte gefunden hat. Die Königin Artemisia von Halikarnassos hatte sich «uneingedenk der Tatsache, daß sie eine Frau war», mit fünf Kriegsschiffen an dem Feldzug gegen die Griechen beteiligt. Herodot schreibt: «Sie war mutig und heldenhaft genug, selbst in den Krieg zu ziehen, obwohl sie einen Sohn im Jünglingsalter hatte ... Sie hatte die Führung über fünf Trieren, die nach den Schiffen aus Sidon die vorzüglichsten in der ganzen Flotte waren. Auch waren ihre Ratschläge, die sie dem König gab, besser als die aller anderen

Der Feldzug gegen die Perser verwüstete viel landwirtschaftliche Nutzfläche. Die Perser mit ihrer schnellen Reiterei suchten oft weite Ebenen für die Kampfhandlungen aus, Ebenen, die im gebirgigen Griechenland besonderen Wert für die Viehzüchter hatten. – Das Foto zeigt Schafherden in Thessalien auf einer Hochebene.

Bundesgenossen.» Als Xerxes sah, daß Artemisia den Griechen einige der besten Gefechte lieferte, sagte er: «Meine Männer sind zu Frauen geworden, und meine Frauen zu Männern.»

Platää und Mykale: Persien wird endgültig geschlagen. Nach der Schlacht bei Salamis kehrte Xerxes mit einem Großteil seiner Truppen nach Persien zurück. Er ließ jedoch eine ansehnliche, gutausgebildete

Streitmacht unter Mardonios in Griechenland. Mardonios hatte den Auftrag, sich den Winter über nach Thessalien zurückzuziehen, um im Frühjahr erneut anzugreifen. Als Mardonios dann im nächsten Frühjahr aufbrach, herrschte unter den Griechen wiederum Uneinigkeit über die Verteidigungsmaßnahmen. Die peloponnesischen Feldherrn, von Athen um Unterstützung angerufen, zauderten ein weiteres Mal, so daß Athen erneut mit der Abberufung seiner Truppen drohen mußte. Schließlich, nachdem sich die Städte Megara und Plataä hinter Athen gestellt hatten, willigten die Feldherrn ein. Mittlerweile waren die Perser von Thessalien aus durch Böotien bis an die Grenzen Attikas vorgedrungen.

Mit einer Streitmacht von etwa 30–40 000 Mann unter der Führung des Spartaners Pausanias (gest. um 446) marschierten die Griechen nach Norden und drängten Mardonios nach Böotien zurück. Nahe Plataä ging er in Position. Die Griechen schlugen ihr Feldlager in der Nähe auf. Mardonios wartete nun darauf, daß die Griechen angreifen würden, um sie dann mit einem Gegenschlag durch seine überlegene Reiterei vernichten zu können. Die Wartezeit, so hoffte er, würde die Risse und die Uneinigkeit in den griechischen Reihen aufdecken. Seine Überlegungen waren nicht unbegründet, und es gab Zeiten, zu denen sie sich zu verwirklichen schienen. Durch Zufall kam es dann zum tatsächlichen Zusammenstoß. Zumindest für Mardonios nahm die Schlacht einen unvorhersehbaren Verlauf. Er mißdeutete einen Stellungswechsel der Griechen als Rückzug und griff an. Pausanias sammelte seine Krieger und schlug geschickt und tapfer zurück. Mardonios selbst wurde getötet, seine Hauptinfanteriegruppe wurde niedergemetzelt; der Rest seines Heeres zog sich so schnell wie möglich nach Norden zurück.

An genau dem gleichen Tage wurden, laut Herodot, auch die Überreste der persischen Flotte vernichtet. Die Perser hatten ihre Schiffe in Mykale an der Küste Kleinasiens auf den Strand gesetzt. Die Griechen, die ihnen hartnäckig auf der Spur geblieben waren, segelten in den Hafen von Mykale, gingen an Land, überwältigten das persische Schiffslager und setzten danach die persischen Schiffe in Brand.

Der Sieg der Griechen über die Perser war eine erstaunliche Leistung, gleichgültig an welchen Maßstäben gemessen. Kein anderes Volk hatte, der vollen Wucht der militärischen Stärke Persiens ausgesetzt, etwas Ähnliches vollbracht. Dabei hatten die Griechen unter ungünstigen Voraussetzungen gekämpft. Nur die spartanischen Streitkräfte bestanden aus Berufssoldaten; der Rest der griechischen Armee und Flotte setzte sich weitgehend aus Bürgern zusammen. Auch haben die Griechen niemals zu einer wirklich einheitlichen Handlungsweise gefunden. Obgleich alle Mitglieder des Bundes ein gemeinsames Ziel hatten, stellte dennoch jeder in politischen Angelegenheiten die Interessen des eigenen Staates vor die der anderen, vor die der Gemeinschaft.

Die Siegesfeier. In Anbetracht der Übermacht, der die Griechen sich zu erwehren hatten, ist es nicht überraschend, daß der Sieg über die Perser sie mit Stolz, Selbstvertrauen und Patriotismus erfüllte und dieser Krieg in ihr Denken, ihr Handeln und in ihre Literatur als wichtigstes Ereignis der Geschichte einging.

Die Toten wurden in prächtigen Epitaphen verherrlicht. Diejenigen, die

Es gibt eine Geschichte, die lautet so: ...

. . . Ein Mann sah einmal, wie ein anderer Mann viel Geld erwarb, und bat, es ihm auf Zinsen zu leihen. Der aber wollte nicht, sondern war einer von der Art, die mißtrauisch ist und keinem helfen will, und so trug er es fort und versteckte es irgendwo. Ein anderer beobachtete ihn bei seinem Tun und nahm es heimlich fort. Als zu späterer Zeit der, der das Geld aufbewahrt hatte, hinkam, fand er es nicht. Er war nun überaus betrübt über das Unglück, vor allem auch, weil er es jenem auf seine Bitte nicht geliehen hatte, denn dann wäre es ihm erhalten geblieben und hätte noch anderes dazugebracht. Als er dem Mann einmal begegnete, der damals von ihm leihen wollte, klagte er über sein Unglück: er habe gefehlt, und es reue ihn, daß er ihm keinen Gefallen getan habe, sondern ungefällig gewesen sei, denn nun sei ihm das Geld ganz und gar verlorengegangen. Der aber riet ihm, sich keine Sorgen zu machen, sondern zu glauben, es gehöre ihm noch und sei nicht verloren, er brauche nur einen Stein an dieselbe Stelle zu legen. «Denn auch als es dir gehörte, hast du ja gar keinen Gebrauch davon gemacht; daher glaube auch jetzt nicht, du gingest einer Sache verlustig.»

Diese Geschichte erzählte ein Grieche, vor fast zweieinhalbtausend Jahren: der Sophist Antiphon, ein Zeitgenosse des Sokrates. Es gibt Geschichten, die bleiben ewig aktuell.

die griechische Sache nicht unterstützt hatten, betrachtete man als Todfeinde. 472 v. Chr. schrieb der Dramatiker Äschylus (525/24–456/55) die Tragödie *Die Perser.* In dieser Dichtung wich er von den üblichen tragischen Themen des griechischen Theaters ab, um die Sieger — und damit den neuen Geist, der die Griechen erfüllte — zu preisen:

Die jetzt ihr diese Strafe blinden Stolzes saht,
Gedenkt an Hellas, an Athen, und hütet euch,
Der Gegenwart Genuß verschmähend, fremden Glücks
Begierig, umzustürzen eignes größres Glück.
Denn Zeus, ein Rächer allzu kühn aufstrebenden
Hochmutes, herrscht, er fordert strenge Rechenschaft.
So lehret ihn denn, der sich beherrschen lernen muß,
Mit weisem Rate, meinen Sohn, von sich zu tun
Des stolzen Sinnes gottvergeßnen Übermut.

Aber nicht nur Zeitgenossen wurden durch die Siege der Griechen aufgerüttelt und angeregt. In den Jahrhunderten, die seit Marathon, den Thermopylen und Salamis vergangen sind, wurden die Namen dieser epochemachenden Schlachten zu Symbolen des Selbstbehauptungswillens und Widerstands gegen fremde Unterdrückung. Lord Byron (1788–1824), der Anfang des 19. Jahrhunderts über ein Griechenland schrieb, das damals unter der Herrschaft einer anderen asiatischen Macht, des Osmanischen Reiches, stand, drückte die Gefühle, die eine dieser Schlachten mehr als zwei Jahrtausende später in ihm wachrief, in einer Stanze aus:

Gebirg hält Marathon umwunden,
Und Marathon blickt auf das Meer.
Dort träumt' ich einst in stillen Stunden
Von süßer Freiheit Wiederkehr.
Denn auf der Perser Grabesstein
Wähnt ich ein Sklave nicht zu sein.

Der erste Bürger seiner Stadt, nüchterner Aristokrat, Redner und Staatsmann – das war Perikles (um 500–429). Er lenkte die Geschicke der Stadt, die bis weit in den Peloponnesischen Krieg hinein das kulturelle Zentrum Griechenlands war.

5. Das Goldene Zeitalter Athens

Der Sieg der Griechen über die Perser machte Sparta zur bedeutendsten Macht in Griechenland. Trotz seiner Unschlüssigkeit und trotz der Unzulänglichkeiten bei den Kriegsvorbereitungen hatten seine Truppen hervorragend gekämpft. Athen nahm auf Grund seiner großartigen Erfolge bei Marathon und Salamis nach Sparta den zweiten Rang ein. Und dennoch ging nahezu alles, was in den nächsten 50 Jahren im Leben Griechenlands von Bedeutung sein sollte, von Athen aus. Sparta hingegen trat fast völlig in den Hintergrund. In dem Zeitraum vom Rückzug der Perser im Jahre 479 v. Chr. bis zum Ausbruch des Peloponnesischen Krieges im Jahre 431 v. Chr. entfaltete Athen eine einzigartige Vitalität. Das war das Goldene Zeitalter Athens, eine Epoche, wie sie in der Geschichte der Menschheit nicht ihresgleichen hatte.

Demokratie. Diese Entwicklung empfing ihre entscheidenden Impulse aus der demokratischen Regierungsform Athens, der ersten Demokratie in der Geschichte. Die von Kleisthenes im Jahre 507 v. Chr. eingeleiteten Verfassungsreformen wurden 462 bis 461 v. Chr. von Ephialtes (gest. 461 v. Chr.) vollendet. Ephialtes enthob die Aristokratie aller ihrer Ämter, von gewissen richterlichen Funktionen und einigen religiösen Ämtern abgesehen. Ephialtes wurde bald darauf von Adligen umgebracht, seine Demokratie jedoch überlebte. Fortan gab es keine politische Körperschaft, die über der Volksversammlung stand.

Ohne Unterschiede hinsichtlich des Einkommens oder der Standeszugehörigkeit hatten alle freien, männlichen, volljährigen Bürger Zugang zur Volksversammlung. Die Volksversammlung trat vierzigmal im Jahr zusammen. Der übliche Versammlungsplatz war die Pnyx, ein natürliches Amphitheater auf einem Hügel westlich der Akropolis. Theoretisch konnte jeder Bürger in der Versammlung über alles sprechen, vorausgesetzt, er hatte Zuhörer. Aus praktischen Gründen entwarf man eine offizielle Tagesordnung. Diese wurde von einem Rat ausgearbeitet, in dem jeder der zehn attischen Stämme fünfzig Männer stellte. Sie wurden durch das Los aus einer Liste von Freiwilligen gewählt, die die Bürgerrechte besaßen und das dreißigste Lebensjahr erreicht hatten. Der Rat erleichterte lediglich die Beratungen. Mitglieder des Rates wurden generell für ihre Dienste entlohnt und bekleideten ihr Amt für die Dauer eines Jahres. Nach einer gewissen Zeitspanne konnten sie dem Rat für ein weiteres Jahr angehören, jedoch nie öfter als zweimal.

Athen schätzte die Rhetorik. Die Stadt wurde von ihren Rednern regiert. Perikles wurde ihr Führer. Alle größeren Entscheidungen wurden von der Ekklesia, der Versammlung aller Bürger, getroffen, die für gewöhnlich etwa 40mal im Jahr in dem Amphitheater zusammentrat, das von der oben abgebildeten Rednerbühne beherrscht wurde. Von dem Rednerpodium auf dem Pnyxhügel blickte man auf ein natürliches Amphitheater, das 18 000 Menschen faßte. Um auch bei langweiligen Sitzungen einen angemessenen Besuch der Volksversammlung zu garantieren, trieben Polizisten die Bürger mit langen Tauen auf den Pnyxhügel hinauf.

Innerhalb des Rates der 500 gab es einen Ausschuß von fünfzig Männern, die man Prytanen nannte. Die Prytanen traten täglich zusammen und führten die eigentlichen Regierungsgeschäfte. Die Zusammensetzung des Prytaneion wechselte zehnmal im Jahr, der Vorsitz – die bedeutendste Exekutivstellung in Athen – täglich. Theoretisch konnte somit kein einzelner dieses Amt zu einer dauernden Machtstellung ausbauen. In der Realität jedoch stand diese Möglichkeit einer bestimmten Gruppe offen: den zehn Strategen – die Feldherrn der bewaffneten Streitkräfte –, die direkt von der Volksversammlung für ein Jahr gewählt wurden. Da die Feldherrn beliebig oft wiedergewählt werden konnten, war es unvermeidlich, daß sie einen weitreichenden und manchmal bleibenden Einfluß auf nichtmilitärische Angelegenheiten ausübten.

Im Gegensatz zur repräsentativen Demokratie oder Republik, wo ein einzelner gewählt wird, um für viele zu sprechen, war Athen eine echte Demokratie: jeder Bürger sprach für sich selbst. Jeder Athener hatte das Recht, am öffentlichen Leben seiner Stadt teilzunehmen, und daraus ergab sich ein Mitspracherecht in der Regierung der Stadt. Da die Alltags- und Routinearbeiten in Handel und Gewerbe von Sklaven besorgt wurden, konnte der Athener Bürger nicht nur der Volksversammlung beiwohnen und seine Stimme abgeben, sondern von Zeit zu Zeit auch öffentliche Ämter übernehmen. Die athenische Demokratie darf also nur modellhaft verstanden werden und keineswegs als nachahmenswert in allen Details. Frauen und Sklaven waren höchstens lebenserleichternde Faktoren oder notwendige Übel. Ein Standpunkt, über den auch das Christentum lange nicht hinauskam. Leibeigenschaft und Diskriminierung der Frau sind Methoden, die auch das «christliche» Mittelalter förderte. Insofern ist der gedankliche Ansatz der griechischen Demokratie wichtiger als die Einzelheiten ihrer Verwirklichung.

Widerspruch: Sklaven. Man schätzt, daß es um 430 v. Chr. in Attika bei einer Gesamtbevölkerung von ca. 315 000 Menschen 115 000 Sklaven gab. Ein reicher Minenbesitzer konnte bis zu 1000 Sklaven in verschiedenen Minen beschäftigen. In großen Haushalten gab es etwa 20 Sklaven. Die Athener Sklaven wurden entweder als Sklaven geboren oder waren durch Kriegsgefangenschaft und regelrechte Sklavenjägerei zu diesem Schicksal gekommen. Sie hatten keine politischen Rechte. Das Leben eines Sklaven, der unter ungesundesten Bedingungen in einem Bergwerk arbeitete, war erbärmlich. Einige Sklaven jedoch erhielten neben ihrem Unterhalt Lohn, und manche wurden von ihren Besitzern freigelassen. Einige liberal gesinnte Athener erkannten, daß die Sklaverei in sich selbst schlecht ist. Zu ihnen zählte der Dramatiker Euripides (um 480–406), dem das Verdienst zukommt, als einer der ersten die Sklaverei als Instrument eines geheuchelten Humanitätsideals entlarvt zu haben. Ein Jahrhundert später versuchte Aristoteles, die Sklavenhalterei zu rechtfertigen. Er behauptete, gewisse Menschen würden zu Sklaven auf Grund einer natürlichen Veranlagung zum Sklavischen. Er mißbrauchte damit die Natur als Alibi für eine durch nichts zu rechtfertigende Brutalität und «Ausbeutungshaltung selbstgerechter Bildungsbürger».

Die Diskriminierung der Frau. Frauen waren eine weitere Gruppe Unterprivilegierter in Athen. Im aristokratischen Zeitalter waren sie bis zu einem gewissen Grad gleichberechtigt gewesen, und wenn sie auch nicht der Regierung angehört hatten, so waren sie doch an vielen öffentlichen Aufgaben beteiligt gewesen. Im Perikleischen Athen jedoch war der Platz der Frau das Haus, und ihre wichtigste gesellschaftliche Pflicht war es, sich zurückzuhalten. Kein geringerer als Perikles riet den Frauen, nach Anonymität zu streben: «. . . wenn von einer Frau, sei es im Guten, sei es im Bösen, unter Männern möglichst wenig geredet wird, so ist das ihr höchster Ruhm.» In der Literatur allerdings spielt die Frau eine wesentliche Rolle, denn alle Konflikte lassen sich auf den Trieb, am Leben zu bleiben, Leben zu erhalten und zu erzeugen, zurückführen. Die Tragödie ebenso wie die Komödie Athens weist Frauen oft eine herausragende Stellung innerhalb des Handlungsablaufs zu. In der *Antigone* des Sophokles (um 496 – um 406) wird die gesamte Handlung dadurch motiviert, daß die Titelheldin darauf beharrt, ihrem Bruder gegen den Willen der Staatsgewalt ein angemessenes Begräbnis zu bereiten. Aristophanes (445–um 385) schildert in seiner Komödie *Lysistrata*, wie die Frauen

Ein «Kleroterion» wurde benutzt, um Geschworene zu wählen. Schlitze in dieser Vorrichtung trugen die Namen der einzelnen Freiwilligen. Bei Gruppenwahlen der Geschworenen warf man schwarze und weiße Bälle in eine Röhre.

durch solidarische Beischlafverweigerung Frieden zwischen Athen und Sparta stiften.

Wenn Frauen in der Welt der Phantasie Rollen von derartigem Format zuteil werden konnten, könnte man annehmen, auch in der Realität seien sie nicht so unterdrückt worden, wie es die ausschließlich männliche Geschichtsschreibung nahezulegen scheint. Dennoch haben die Athener trotz ihrer, literarisch dokumentierten, Gleichheitstheorie die Frauen primär als Gebärmaschinen und Lustobjekte betrachtet und entsprechend behandelt. Man ist leicht geneigt, auf Grund der Idealisierung des Griechentums Fortschrittlichkeit auch dort zu suchen, wo die Athener völlig unkritisch auf dem Boden einer patriarchalischen Tradition standen. Man tut der historischen Wahrheit keinen Gefallen, wenn man die Analyse fälscht, um ein Vorbild möglichst makellos zu gestalten. Mensch war auch im antiken Athen nur, wer männlich und «frei» geboren war. Die Frau galt nur im heimischen Bereich etwas. Sie beaufsichtigte einen Betrieb, der in gewisser Hinsicht einer Fabrik nicht ganz unähnlich war, und trug somit eine beträchtliche Verantwortung. Das Heim selbst war äußerst einfach – nüchtern möbliert und unkompliziert in der Anlage –, nahezu alle Lebensmittel und Kleidungsstücke der Familie wurden hier unter der

Bei der häuslichen Arbeit am Webstuhl reichen sich zwei Frauen das Weberschiffchen zu. Frauen waren im antiken Griechenland völlig auf die Hausarbeit verwiesen. An der politischen Willensbildung durften sie ebensowenig wie Sklaven teilnehmen.

Aufsicht der Ehefrau hergestellt. Nach außen wirkte sie nur durch ihren Einfluß auf den Mann. So soll Aspasia, die Geliebte des Perikles, entscheidende Beiträge zum politischen Geschehen geleistet haben, indem sie Teile der Reden Perikles' selber verfaßte. Direkte Mitwirkung an der politischen Willensbildung jedoch war Frauen versagt.

Sendungsbewußtsein der Athener. Nachdem die Athener die Bedeutung und den Nutzen von Freiheit und Demokratie erkannt hatten, waren sie von dem leidenschaftlichen Wunsch erfüllt, ihre Erkenntnisse an andere weiterzugeben. Sie glaubten sich mit einer erhabenen Mission betraut, und die Lage in Griechenland nach dem Rückzug der Perser bot ihnen ausgezeichnete Möglichkeiten, diese Mission zu erfüllen. Trotz des ungeheuren Ansehens, das Sparta auf Grund seiner Kriegserfolge genoß, spielte die Stadt im politischen Leben Griechenlands nur eine untergeordnete Rolle. Nach einem schwachen Versuch, die politische Führung in Griechenland an sich zu reißen, kam es zwischen den Herrschern Spartas bald wieder zu internen Streitigkeiten – Aristokraten und ehrgeizige Könige kämpften um die Macht. Schließlich beschränkte sich Sparta auf eine Art Isolationismus und konzentrierte sich ausschließlich auf die Erhaltung seiner Vormachtstellung auf dem Peloponnes.

Der Delische Bund. Das gab Athen die Möglichkeit, die Führung in Griechenland zu übernehmen. Im Winter 478 bis 477 v. Chr. bildete sich auf Vorschlag Athens ein Bund griechischer Staaten mit dem Ziel, die Perser zu verfolgen und sich selbst gegen Vergeltungsmaßnahmen der Perser zu schützen. Der Delische Bund, wie er später genannt wurde, vereinigte die griechischen Städte Kleinasiens, die meisten der ägäischen Inseln, einige Städte an der Propontis und in Thrakien und Großteile der Insel Euböa – mit anderen Worten, nahezu alle griechischen Staaten im ägäischen Raum. Der Bund zählte auf seinem Höhepunkt zwischen 250 und 300 Mitglieder.

Die Mitgliedstaaten des Bundes erklärten sich bereit, Schiffe oder aber, da nicht alle Staaten über eigene Schiffe verfügten, Geldmittel zum Bau von Schiffen zu stellen. Den Bau der Schiffe sollte Athen besorgen. Die Höhe der Beiträge wurde entsprechend den Finanzen eines jeden Staates festgesetzt. Dieses Amt wurde von Aristides (um 530–um 467) verwaltet, der weithin als «Aristides der Gerechte» bekannt wurde.

Die Bundeskasse wurde auf der Insel Delos aufbewahrt, die das Hauptheiligtum des Apoll beherbergte. Auf Delos trat auch der Rat des Bundes zusammen. In diesem Rat waren alle Mitglieder gleichberechtigt, von Anfang an jedoch spielte Athen eine beherrschende Rolle. Es war bereit, die schwersten Lasten auf sich zu nehmen, und die Verbündeten hatten nichts dagegen einzuwenden. Athen war damit in jeder Hinsicht Gebieterin über die Ägäis.

Mit der Unterstützung des Bundes nahm Athen den Krieg gegen die Perser wieder auf. Unter Kimon (um 507–449), dem Sohn des Miltiades (540–489), befreite es die Provinzen Karia und Lykia an der Südküste Kleinasiens und schloß sie dem Bund an. Um 468 v. Chr. zerstörte es die neuerbaute persische Flotte, als sie im Eurymedon vor Anker lag. Mit dieser Flotte hatte Xerxes eine neuerliche Invasion der Ägäis wagen wollen. Dieser bedeutende Sieg rechtfertigte das Bestehen des Bundes nicht nur,

So kraß man gemeinhin den Unterschied zwischen Athen und Sparta auch zeichnet, die Parallelen dürfen nicht übersehen werden: In beiden Stadtstaaten spielten nur die Männer politisch eine Rolle. Die Kindererziehung war rauh, und die auf diesem Bild dargestellte liebevolle Zuwendung endete meist schon mit den ersten Gehversuchen des Kleinkindes. «Spartanische» Erziehung war auch in Athen nichts Unbekanntes, wenn auch die ausschließlich militärische Ausrichtung zugunsten vielfältigerer Ideale zurückgedrängt wurde.

er überzeugte die Athener von der Notwendigkeit, den Bund in seiner Stärke und Einheit zu erhalten. Daher glaubten sie, daß jeder Staat, der Vorteile durch den Bund hatte, diesem auch angehören sollte und daß jeder Staat, der drohte, aus dem Bund auszutreten, sich des Verrats schuldig machte. Als sich die Stadt Karystos auf der Insel Euböa geweigert hatte, dem Bund beizutreten, war sie mit Militärgewalt zum Beitritt gezwungen worden. Und als sich die Inseln Naxos und Thasos von dem Bund lossagen wollten, zwang Athen sie nicht nur zur weiteren Mitgliedschaft, sondern machte sie darüber hinaus zur Strafe für den versuchten Austritt zu tributpflichtigen Staaten. Die Androhung, aus dem Bund auszutreten, konnte man in der Tat als eine verräterische Handlung, als Bruch eines feierlichen Versprechens betrachten. Der wahre Grund für die Strafmaßnahmen Athens lag jedoch in der Überzeugung, daß der Bund für Athen selbst von Wert war. Damit gab Athen dem Bund eine Bedeutung, die mit seinem ursprünglichen Wert als einer militärischen Allianz nur noch wenig gemein hatte.

Athen als Führungsmacht. Die Vorherrschaft Athens im Delischen Bund wurde schließlich zu einer Herrschaft über den Bund. Die Staaten, die Schiffe stellten, galten weiterhin als gleichberechtigt. Mit der Zeit waren jedoch nur noch drei Staaten dazu imstande: Chios, Lesbos und Samos. Die übrigen Mitgliedstaaten wurden zinspflichtig und nahmen einen niedrigeren Rang im Bund ein. Oft mußten sie erleben, daß ihre Staatsgeschäfte von Athener Beamten, unterstützt von einer Athener Garnison, geführt wurden und daß sie über die Tributzahlungen hinaus auch noch Soldaten stellen mußten. Athen beanspruchte letzte Rechtsprechung in allen Strafverfahren — sogar in den Staaten, die Athen angeblich gleichgestellt waren. Auch in Angelegenheiten, die die Sicherheit des Bundes in Frage stellten, wie Verschwörung oder Landesverrat, behielt sich Athen das Entscheidungsrecht vor. Im Jahre 454 bis 453 bestand Athen darauf, daß der Bundesschatz von Delos nach Athen übergeführt wurde, wo er den Athenern uneingeschränkt zur Verfügung stand. Schließlich forderte Athen, daß alle Verbündeten das Athener Münzsystem sowie Athener Gewichts- und Maßeinheiten übernehmen sollten.

All dies war nicht ganz ungerechtfertigt und sogar zu einem gewissen Vorteil für die Mitglieder des Bundes. Eine Athener Garnison konnte entlegene Staaten bei feindlichen Überfällen oder Bürgerunruhen schützen. Ein zentraler Gerichtshof gewährleistete eine gewisse Gleichheit der Rechtsgrundsätze in allen Mitgliedstaaten. Ein einheitliches Münzsystem war von unverkennbarem Vorteil für den Handel. Außerdem waren die Athener Münzen, die den Kopf der Athene auf der einen und ihre Eule auf der anderen Seite trugen, die angesehenste Währung im östlichen Mittelmeerraum. Und schließlich war die Bundeskasse in Athen sehr viel sicherer als auf der ungeschützten Insel Delos. Es ist jedoch unleugbar, daß der Bund damit aufhörte, eine Konföderation zu sein, sondern zu einem von Athen regierten Reich wurde. Bei allen Vorteilen muß man dennoch ein ausgeprägtes Machtinteresse hinter den so hilfreichen Argumenten sehen. Eine Art Wirtschafts- und Kulturimperialismus ist nicht von der Hand zu weisen.

Zur Rechtfertigung seiner Maßnahmen behauptete Athen, für das Wohlergehen und die Sicherheit seiner Verbündeten Sorge zu tragen. Tatsächlich war das auch oft der Fall. Solange die Flotte Athens in hohem Maße einsatzbereit und schlagkräftig blieb, war das Reich vor einem Angriff der Perser sicher, wie der Sieg am Eurymedon nachdrücklich unter Beweis gestellt hatte. Es war ebenfalls sicher vor der uralten Pest der Ägäis, den Piraten, die zu einem Großteil bereits vertrieben worden waren (die Piratenfestung auf der Felseninsel Skyros zum Beispiel war 474–473 v. Chr. ausgehoben worden).

Athens Eingreifen in die internen Angelegenheiten seiner Verbündeten führte vielfach dazu, daß sich in diesen Staaten eine demokratische Regierungsform bildete, die der Athens nicht unähnlich war. Die enteigneten Aristokraten beklagten sich voller Erbitterung und bildeten eine latente Quelle der Unruhe. Die Mehrheit der Bevölkerung aber lebte wahrscheinlich unter besseren politischen Bedingungen als zuvor. Das band sie, wenn sie sich auch durch den Verlust ihrer Unabhängigkeit in ihrem Stolz verletzt fühlten, an Athen. Außerdem wußten sie, daß die Aristokraten blutige Vergeltung üben würden, sollte Athen einmal seine Kontrolle aufgeben und sollten die Aristokraten ihre Macht zurückerlangen. Das erklärt wahrscheinlich mehr als alles andere die bemerkenswerte Treue der Verbündeten dem Reich gegenüber. Selbst zu Zeiten, als die Bundesstaaten ungestraft das athenische Joch hätten abwerfen können, machten nur wenige von dieser Möglichkeit Gebrauch.

Aggressionspolitik. Nachdem das Reich sich formiert hatte, schienen die Athener eine Zeitlang den Eindruck gehabt zu haben, unüberwindlich zu sein. Ihre Schiffe hatten sie zu Beherrschern der Ägäis und der angrenzenden Küsten gemacht. Der Handel blühte auf und gab der Stadt sowohl finanziell als auch industriell den nötigen Rückhalt, um in großem Umfang Krieg zu führen. 459 v. Chr. wurde das benachbarte Megara auf eigenen Wunsch in das Reich eingegliedert. Im gleichen Jahr rüsteten die Athener eine große Streitmacht zur Unterstützung eines ägyptischen Königs aus, der gegen die Perser rebelliert hatte. 458 v. Chr. griffen sie Ägina an, nahmen es zwei Jahre später ein und zwangen es, dem Bund beizutreten. 457 v. Chr. eroberten sie Böotien mit Ausnahme von Theben. Ein Ehrenmal aus dieser Zeit, das die Bürger eines einzigen Stammes nennt, die 459 bis 458 v. Chr. während eines Jahres in der Schlacht gefallen waren,

Treibende Kraft der griechischen Wirtschaft war weniger die Landwirtschaft als vielmehr der Handel, der seine Blüte den wachsenden nautischen Fähigkeiten der Griechen verdankte. Zwischen Krim, Ägypten, Frankreich waren ständig griechische Handelsschiffe unterwegs. Ja, bis Irland reichten die Beziehungen. – Das Bild zeigt einen Händler beim Abwiegen.

vermittelt einen Eindruck von der Vielfältigkeit der Athener Unternehmungen: «Auf Zypern, in Ägypten, in Phönizien, bei Halieis, auf Ägina, bei Megara.»

Diese Aggressionspolitik war nicht unbedingt erfolgreich. Bedenkt man jedoch die Vielzahl der Fronten, so ist es ein Wunder, daß sich überhaupt Erfolge einstellten. Der ägyptische Feldzug gegen Persien dauerte etwa sechs Jahre und endete mit einer totalen Niederlage. Die Ägypter und ihre athenischen Verbündeten mußten sich ergeben, ihre Schiffe wurden zerstört. Böotien konnte zehn Jahre lang gehalten werden und ging dann verloren. Bei einer Fortführung dieser Politik hätte Athen sich, selbst wenn die Gewinne beträchtlich blieben, mit einiger Sicherheit zugrunde gerichtet. Glücklicherweise kam Athen nach einem Jahrzehnt der Aggression wieder zur Ruhe, um das Errungene zu festigen und um sich nach anderen Betätigungsfeldern umzusehen.

Perikles. Diese Periode der Konsolidierung ist verbunden mit dem Namen Perikles (um 500–429), der mehr als jeder andere den Geist ver-

Ein Schuhmacher mißt am Fuß seines Kunden eine Sandale an. Im Sommer gingen die Griechen auch auf der Straße barfuß, zu Hause trugen sie auch im Winter keine Schuhe.
Die Handwerker waren angesehene Leute. Schon Solon hatte es den Vätern zur Auflage gemacht, ihre Söhne ein Gewerbe lernen zu lassen. Schwere, monotone Arbeit hingegen war verpönt. Man überließ sie den Sklaven, deren Import sich die reiche Seefahrernation ohne weiteres leisten konnte.

körperte, der Athen zu seiner Blütezeit erfüllte. Aristokrat aus einer traditionell prodemokratischen Familie (der Verfassungsreformer Kleisthenes war sein Großonkel), vertrat Perikles eine Philosophie, die sowohl die Interessen der Demokratie als auch den Reichsgedanken in sich aufnahm. Neutral gesinnt, wählte er seine Freunde unter den führenden Denkern seiner Zeit. Er verdankte seine einflußreiche Position seinen in der Volksversammlung unter Beweis gestellten Fähigkeiten. Er war ein eindrucksvoller Redner und prägte denkwürdige Redensarten. So nannte er Ägina zum Beispiel «das Gerstenkorn im Auge des Piräus». In einer Grabrede für die Gefallenen des Peloponnesischen Krieges sagte er: «Die Stadt hat ihre Jugend verloren; es ist, als habe das Jahr seinen Frühling verloren.» Was Perikles jedoch das aufrichtige Vertrauen der Volksversammlung eintrug, waren seine Voraussicht und sein Unternehmungsgeist. Mit der Zeit wurde Perikles zum tatsächlichen Führer der Demokratie, wenn er auch offiziell ein jährlich wiederzuwählender Feldherr blieb.

Perikles schwebte Großes für Athen vor. Um 443 v. Chr. waren seine Hauptwidersacher in Mißkredit geraten, und er konnte nunmehr seine Pläne unbehindert verfolgen. Er schlug vor, Athen in jeder Hinsicht zu einer großen Stadt zu machen. Er war kein Fürsprecher einer weiteren Ausdehnung auf dem Festland — er hatte es ohne Erfolg versucht. Vielmehr war er entschlossen, das Seereich zu vergrößern, und plädierte für Bündnisse, die dem Handel an den entlegenen Grenzen der griechischen Welt förderlich waren. Zu diesem Zweck segelte er als Oberbefehlshaber eines eindrucksvollen Geschwaders ans Schwarze Meer.

Ausbau Athens. Perikles glaubte außerdem, daß man dem Ruhm Athens sichtbar Ausdruck verleihen sollte. Seine Begeisterung, seinem Scharfblick und seiner Überzeugungskraft verdanken wir die großen Bauten auf der Akropolis, deren beachtliche Überreste immer noch an ihre Größe zu Perikles' Zeiten erinnern.

480 v. Chr. hatten die Perser die Akropolis völlig verwüstet. Die Athener hatten daraufhin die Trümmer der Tempel und Statuen innerhalb der neuerbauten Grundmauern der Stadt aufgestellt. Perikles stand somit völlig am Anfang. Er stellte die besten Architekten seiner Zeit ein und wurde nicht müde, dem Projekt seine volle Unterstützung zukommen zu lassen. Er überredete die Volksversammlung, dem Projekt jährlich einen bestimmten Betrag zur Deckung der Kosten bereitzustellen.

Die Propyläen waren das große Vortor zu den geheiligten Stätten auf der Akropolis und dienten auch als Künstlergalerie und Versammlungsplatz. Sie sind in einem Stil errichtet, der eine ungewöhnliche Mischung von dorischen und ionischen Säulen als wesentliches Element enthält. Wie der Parthenon sind die Propyläen aus einem Marmor, der aus den Steinbrüchen des Pentelikos nahe Athen stammt und dessen Farben mit dem Wechsel des Lichts immer neue Nuancen annehmen. Die Schattierungen reichen von golden und honiggelb bis zu rosa und grau.

Der Parthenon. Der Parthenon war das religiöse Zentrum Athens. Im Gegensatz zu anderen griechischen Tempeln war er einer einzigen Gottheit geweiht, der Göttin Athene, Seele der schöpferischen und tätigen Intelligenz und Schutzgöttin Athens. Die ganze Anlage war ihrer Verehrung gewidmet. Der Parthenon wurde 447 v. Chr. begonnen und 432 v. Chr. fertiggestellt. Der Architekt war Iktinos, der Baumeister Kallikrates. Die Dekorationen wurden von dem Bildhauer Phidias entworfen und unter seiner Aufsicht ausgeführt. Der Parthenon ist einer der größten bekannten griechischen Tempel. Die Einfachheit der Hauptzüge ist das Ergebnis einer kunstvollen Bearbeitung, die die Linien oft gerade oder spitz zulaufend erscheinen läßt, wenn sie tatsächlich keines von beidem sind. Auf einem Hügel stehend ist er weithin sichtbar — Seeleute, die den

Verkaufsprotokoll

Aufzeichnungen wurden in der Antike in Stein oder Tonscherben geritzt. Das große Stück verzeichnet den Verkauf der Besitztümer des Alkibiades und anderer, deren Güter nach ihrer Verurteilung wegen Verhöhnung religiöser Riten konfisziert wurden. Die Scherbe auf der rechten Seite (Mitte) ist ein Ostrakon mit Perikles' Namen. Rechts oben sind Symbole zu sehen, die benutzt wurden, um einen Mann durch das Los für ein öffentliches Amt zu wählen. Urteilszeichen der Geschworenen – mit massiver Nabe (nicht schuldig) und hohler Nabe (schuldig) – sind rechts unten abgebildet.

Saronischen Golf kreuzten, sahen ihn aus großer Entfernung – offenbarer Beweis athenischen Reichtums und athenischer Macht.

Den Athenern selbst bedeutete der Parthenon sehr viel mehr. Er war gleichzeitig geheiligter Schrein und Symbol ihrer Macht. Im Inneren des schattigen Heiligtums befand sich das von Phidias gearbeitete hölzerne Monumentalstandbild der Athene, zwölf Meter hoch in Gold und Elfen-

Loszeichen

Ostrakon

Urteilszeichen

bein – Gold für das Gewand der Göttin, Elfenbein für ihre Haut. Das Standbild ist nicht erhalten. Es wurde gegen Ende des 5. Jahrhunderts n. Chr. nach Konstantinopel gebracht, wo es zwischen dem 6. und 10. Jahrhundert ein Raub der Flammen wurde. Das einzige verbleibende Zeugnis ist das Abbild des Standbildes auf Münzen und Gemmen, in Metallarbeiten und späteren, kleineren Kopien aus Marmor.

Der Parthenon ist Resultat der Zusammenarbeit dreier Männer: des Bildhauers Phidias, der auch die Oberaufsicht führte, und der Architekten Iktinos und Kallikrates. Dem Anschein nach ist der Parthenon ein von Säulen umgebenes Viereck im dorischen Stil. Tatsächlich jedoch besteht er aus einer Reihe außergewöhnlicher Finessen, die, zusammengenommen, eine optische Harmonie ergeben: horizontale Linien wölben sich; die Säulen

werden zur Mitte hin stärker, verjüngen sich nach oben und stehen leicht einwärts geneigt; die Kanneluren nehmen ansteigend an Weite ab.

900 Jahre lang wurde im Parthenon Athene verehrt, fast 1000 Jahre lang hielten Christen ihre Gottesdienste darin ab, weitere 200 Jahre lang benutzten ihn Moslems als Moschee. 1687 wurde das Innere von venezianischen Truppen zerstört.

Viele der Bildhauerarbeiten an der Außenseite des Bauwerks haben jedoch die Jahrhunderte überdauert – die Pedimente, ein Großteil des Frieses und eine Anzahl von Metopen (ursprünglich gab es 92). Wenn es auch unwahrscheinlich ist, daß Phidias die Gesamtausführung besorgt hat, so ist doch alles in seinem Stil und offensichtlich nach seinem Entwurf gearbeitet. Die Metopen zeigen den Menschen im Kampf mit seinen Feinden, etwa mit den Kentauren. Der Sieg über die Kentauren symbolisiert den Triumph der Ordnung über die Barbarei. Der das Bauwerk umgebende Fries stellt die farbenfreudige Prozession dar, die den Höhepunkt der Großen Panathenaia, der alle vier Jahre abgehaltenen Festspiele zu Ehren der Athene, bildete. Es ist ein weihevoller und heiterer Anlaß, zugleich ein heiliger und festlicher Tag. In der Darstellung auf dem Fries ist die ganze kreatürliche Welt vertreten – Menschen und Tiere, jung und alt, Männer, Frauen und Kinder, Pferde, Rinder und Schafe. Jedes verkörpert seine ihm eigene Art in unendlicher Mannigfaltigkeit.

Die großen dreieckigen Pedimente zu beiden Seiten des Tempels sind mit Skulpturen geschmückt. Der Ostgiebel zeigt die Geburt der Athene, der Göttin der Weisheit und Klugheit, und wie wohlgefällig das Auftreten einer so wunderbaren Macht den träumenden Göttern des Olymp ist. Der Streit um den Vorrang in der Stadt zwischen Athene und dem Meergott Poseidon wird im Westgiebel zum Symbol für die erfolgreiche Herrschaft der Göttin über das religiöse Leben der Stadt und für die Herrschaft der Stadt über das Meer, Wiege und zukünftiges Grab ihres Ruhms.

Die Skulpturen des Parthenon markieren den unübertroffenen Höhepunkt der griechischen Kunst. Nahezu 20 Jahre früher waren die großartigen Metopen und Pedimente des Zeustempels in Olympia entstanden. Sie sind Ausdruck der Befreiung von den Beschränkungen archaischer Kunst. Durch genaue Kenntnis des menschlichen Körpers hatten begabte Künstler den Eindruck der Lebensechtheit erzielt. Aber die Kunst des Parthenon ist im ganzen feiner und abwechslungsreicher. Die Skulpturen sind beträchtlich über Augenhöhe am Bauwerk angebracht, und dennoch ist die Ausführung exakt. Die Rückseiten der großen Figuren auf dem Pediment sind ebenso sicher und feinfühlig gearbeitet wie die Vorderseiten. Und obgleich jeder Skulptur ein beherrschendes Prinzip zugrunde liegt, das die Einzelfigur in den größeren Rahmen der Gesamtkomposition stellt, ist auch noch das kleinste Detail mit feinsinnigem Verständnis ausgeführt. Erfindungsreichtum, Originalität und Vielfalt herrschen überall vor, nirgendwo jedoch findet sich auch nur die geringtse Spur von Überraschung um der Überraschung willen, nirgendwo ist das Sinnvolle auf das nur noch Kunstvolle reduziert. Die Skulpturen des Parthenon, in denen sich altes aristokratisches Verständnis für kunstvolles Handwerk mit der Lebenskraft und dem Vertrauen der jungen Demokratie verbindet,

Ein Reiter in der Panathenaia-Prozession trägt zu diesem hohen Anlaß seine besten Kleider. Der Reithut, der die Ohren bedeckt, ist thrakisch, während der Mantel und die Tunika athenischen Zuschnitts sind. Das Bild zeigt die hochentwickelte Detailgenauigkeit griechischer Plastik.

spiegeln das innerste Wesen des Perikleischen Athen wider. Für einige wenige Jahre standen Altes und Neues im vollendeten Gleichgewicht — und die schöpferische Kraft eines Phidias, unterstützt von Perikles, verlieh dieser Ausgewogenheit sichtbaren Ausdruck.

An einem Regentage bietet die Südseite des Parthenon einen trostlosen Anblick. Die Südwände trugen keine Dekorationen. Der Tempel empfing sein Licht durch Türen, die nach Osten und Westen lagen. Gottesdienste wurden an Altären außerhalb des Tempels abgehalten. Die Innenräume waren persönlichen Andachten vorbehalten.

Blüte der Dichtkunst. Parallel zur Bildhauerei entwickelte sich die Dichtung. Die Hauptform der Dichtung war die Tragödie. Die griechische Tragödie unterscheidet sich jedoch in mehrfacher Hinsicht von der modernen. Die griechische Tragödie war Kulthandlung und wurde an Festtagen des Jahres im Theater des Dionysos für die gesamte Bevölkerung aufgeführt. Ihr Grundthema ist das Verhältnis des Menschen zu den Göttern. Die Handlung, die für gewöhnlich einem Heldenmythos entlehnt war, verbildlicht ein spezielles Problem oder eine Lehre. Die Tiefgründigkeit der Absicht schloß jedoch eine scharfe Charakterzeichnung oder starke dramatische Elemente aus. Die Stücke selbst waren kurz, wenn auch gelegentlich Trilogien aufgeführt wurden und die Zuschauer den ganzen Tag im Theater verbrachten. Große Teile der Darstellung waren dem Chor gewidmet, der mit Unterbrechungen über das gesamte Drama hinweg die Handlung kommentierte. Die Schauspieler trugen Masken, die oft außer der Rolle auch die Stimmung des dargestellten Charakters bezeichneten.

Das 5. Jahrhundert v. Chr. verzeichnet drei große Meister der Tragödie – Äschylus (525–456), Sophokles (um 496–406) und Euripides (um 480–406). Ihr Werk ist teilweise überliefert. Alle drei schrieben Dramen für die Dionysischen und die Lenäischen Festspiele, unterscheiden sich jedoch deutlich voneinander.

Äschylus. Äschylus, der die Macht und die Größe Athens beschwört, beschäftigt sich eindringlich mit den moralischen Fragen, die Macht und Größe aufwerfen. Er behandelt die Gefahren eines anmaßenden Hochmuts, das alte Gesetz der Vergeltung, die Unvermeidlichkeit des Machtmißbrauchs. Er kommt zu eigenen Schlußfolgerungen, die oft mit traditionellen Anschauungen brechen. Seine Charaktere sind lebenswahr, auch wenn sie sich in einer theatralischen Welt ungehemmter Leidenschaften und äußerer Pracht bewegen und über Ausdrucksmittel verfügen, die ihre Wirkung nie verfehlen.

Die Dramen, die das Schicksal des Orest, Sohn des Troja-Eroberers Agamemnon, behandeln, gehören zu seinen denkwürdigsten Leistungen. Die Trilogie – *Agamemnon, Die Choephoren* und *Die Eumeniden* – erzählt von Orests Mord an seiner Mutter Klytaemnestra, die zuvor seinen Vater erschlagen hatte. Für dieses Verbrechen wird Orest von den Erinnyen verfolgt, bis Athene aus Mitleid mit ihm die Erinnyen bewegt, zu Eumeniden – Gnädigen – zu werden und ihr als Nebengöttinnen zu dienen.

Sophokles. Sophokles arbeitet in anderer Weise. Wo Äschylus Gründe für das Verhalten der Götter anführt und es rechtfertigt, beschränkt Sophokles sich darauf, sie so, wie sie sind, hinzunehmen, und behandelt sie mit Ehrfurcht. Er untersucht überkommene Ansichten zu gewissen

Problemen und leitet eine allgemeine Wahrheit daraus ab. Für Sophokles schafft jegliche Verletzung der kosmischen Ordnung Leiden. Leiden jedoch kann erlösen und erhöhen. Seine Stärke liegt in dem Erbarmen und der Anteilnahme, mit denen er seine Charaktere zeichnet, gleichgültig, wie sehr sie in die Irre geführt und wie unvollkommen sie auch sind. Eines der besten Beispiele dafür ist seine Behandlung des Ödipus in *König Ödipus.* Sophokles schildert ihn als einen gutherzigen, aber eigenwilligen jungen Mann, der seinen eigenen Vater tötet, ohne zu wissen, daß es sein Vater ist, und seine Mutter heiratet, ohne zu bemerken, daß sie seine Mutter ist. Als er entdeckt, was er getan hat, blendet er sich aus Abscheu und Reue über seine Tat.

Euripides. Euripides gehört seiner Geisteshaltung nach einer späteren Generation an. Er ist friedloser, zweifelnder, unzufriedener. Er kommt zu keiner klaren Schlußfolgerung und ist in der Handhabung bühnenwirksamer Mittel weniger sicher. Sophokles soll über ihn gesagt haben: «Er zeichnet Menschen, wie sie sind», und über sich selbst: «Ich zeichne Menschen, wie sie sein sollten.» In seiner Fragestellung nach bestehenden Glaubenssätzen ist Euripides unumwundener als Sophokles und Äschylus. Wo diese beiden nur andeuten, daß das Althergebrachte falsch sein könnte, spricht Euripides verwegene Kritik aus. Und dennoch behandelt er, obgleich Skeptiker, Leidenschaft und Schmerz mit bewegendem Gefühlsausdruck. In den *Troerinnen* überläßt die trojanische Prinzessin Andromache ihren kleinen Sohn den Griechen, die ihn töten wollten, mit den Worten:

O Sohn, in Mutters weichem Arm, Geliebtes,
O kleiner, süßer Atem mir am Munde!
So war vergebens all das traute Leben,
Die traute Freude und die traute Mühe,
Da ich die Brust dir gab, und dich betreute,
Und mich mit Leinen plagte, und dich wiegte.
Kommt her, ihr armen Ärmchen, und umarmt mich,
Zum letztenmal küßt mich, geliebte Lippen!!
Hast du mich lieb?
O Griechen, Teufel,
In allen Martern Meister, Ungeheure,
Was tat dies Kind, daß ihr es müsset morden?

In einem Punkt entspricht die griechische Tragödie nicht der modernen Auffassung vom Tragischen. Sie hat nicht immer einen unglücklichen Ausgang. Es gibt Tragödien, die mit dem Heilen von Wunden und der Wiederherstellung der Harmonie in einer zerbrochenen Welt enden. Immer aber ist die griechische Tragödie mit Nachdruck und Unnachgiebigkeit ernsthaft. Sie kann ein verzerrtes und ironisches, nie aber ein ausschließlich komisches Bild geben. Es gibt keine Momente verminderter Spannung — alles spielt immer an der äußersten Grenze. Und selbst wenn es einen glücklichen Ausgang gibt, so bleibt dennoch alles Vorhergehende dunkel und beängstigend. Das Schicksal des Menschen in der griechischen Tragödie ist ungewiß, zerbrechlich und gefährdet — den allgegenwärtigen Göttern kann niemand entrinnen.

Das Christentum hat vieles von der tragischen Sicht des Lebens, das dem griechischen Denken innewohnt, gemildert — so die Annahme, das Wirken der Götter sei unergründlich und unerbittlich. Das moderne Denken hält jedoch noch an dem Glauben der Griechen fest, daß die Bejahung des Schicksals, gleichgültig wie unerträglich es auch sein mag, adeln kann. Die griechische Tragödie gibt keine direkte Erklärung für das Leiden des Menschen. Sie legt es dar, zeigt seinen Ablauf und wie es ertragen werden könnte.

Die attische Komödie. Wie die Tragödie ist die attische Komödie religiösen Ursprungs und wurde ebenfalls zu den Dionysischen Festspielen aufgeführt. Sonst jedoch bildete die Komödie das genaue Gegenstück zur Tragödie. Wo die Tragödie durch Mitleid und Verständnis Erlösung von den Mysterien des Lebens gewährt, befreit die Komödie durch herzerleichternden Spott und übermütige Heiterkeit. Das Gesetz verpflichtete Komödienschreiber nicht zum Verzicht auf Verleumdung und Obszönität, und zwei der frühen Meister dieser Gattung, Kratinos (lebte um die Mitte des 5. Jh.) und Eupolis (446–um 410), die sich in ihrem Werk weitgehend mit politischen Zuständen auseinandersetzten, waren rücksichtslose Karikaturisten. Der bedeutendste Dichter attischer Komödien war Aristophanes (445—um 385). Er machte sich über Politiker, Feldherrn, Philosophen, Wissenschaftler, Dichter und prominente Bürger gleichermaßen lustig. Seine Scherze sind schlüpfrig, verwegen, rücksichtslos und vor allem geistreich.

Aristophanes' Situationen sind auf brillante Weise absurd. Seine Charaktere, unmittelbar aus dem Leben gegriffen, bersten vor Vitalität. Seine Chorlyrik ist einzigartig musikalisch. Aber noch dort, wo er am spaßigsten zu sein scheint, liegt eine ernsthafte Absicht zugrunde, und Aristophanes scheut sich nicht, sie auch auszusprechen. Seine Komödien entstanden nach Perikles' Tod, als die Wolken über Athen sich bereits verdichteten. Reichlich spottet er über öffentliche Angelegenheiten, aber er unterbreitet auch vernünftige Vorschläge, wie man das athenische Reich einen oder mit Sparta zu einem Vergleich kommen könnte. Seine Vorschläge werden jedoch nie mit feierlichem Ernst vorgetragen. Er verbirgt seine Botschaft in lärmendem Witz und Ärgernis erregender Boshaftigkeit.

Wenn die griechische Tragödie das ernsthafte Auseinandersetzen der

Athener mit den Grundfragen von Leben und Tod zum Ausdruck bringt, so zeigt die Komödie ihre Fähigkeit, nahezu jeder Situation unbefangen begegnen zu können. Nie fürchteten sie sich vor der Wahrheit, wie würdelos und schimpflich sie auch sein mochte. Das war ein unermeßlicher Vorzug. Er erklärt, warum Athen sich so lange behaupten konnte, selbst dann noch, als sein Stern bereits im Sinken war. Ein Teil der Stärke Athens erwuchs zweifellos aus der Fähigkeit der Athener, über sich selbst zu lachen.

Griechenland im kulturellen Sog Athens. Als geistiges Zentrum Griechenlands übte das Perikleische Athen naturgemäß ein Anziehung auf Männer anderer Städte aus, die wußten, daß man ihre intellektuellen Fähigkeiten in Athen begrüßen und würdigen würde. Unter diesen Männern war Anaxagoras von Klazomenä (um 500—428), ein persönlicher Freund Perikles'. Anaxagoras vertrat eine interessante Theorie über das Universum. Er verstand das Universum als ein organisches System von Substanzen, vergleichbar dem lebenden Organismus, dessen bewegende Kraft ein dem Denken ähnlicher geistiger Prozeß sei. Ebenfalls in Athen fanden die Ansichten des Philosophen Demokrit von Abdera (um 470/60 — um 380) nach und nach Anerkennung. Seine Theorie von den Atomen unterscheidet sich in allen Einzelheiten von allen modernen Theorien, bedient sich aber einer ähnlichen Terminologie; seine Theorie besagt, daß alle Dinge letztlich aus Atome genannten, unteilbaren Einheiten bestehen.

Herodot. Einer der bedeutendsten derer, die nach Athen kamen, war Herodot von Halikarnassos (um 484 — um 424). Mit seinem Buch über die Perserkriege wurde er zum «Vater der Geschichtsschreibung». Um Informationen für dieses Buch zu sammeln, bereiste er nahezu die gesamte griechische Welt, Ägypten, Babylonien, Syrien und Süd-Skythien. Überall stellte er Fragen und notierte die Antworten. Herodots Sympathien liegen auf seiten Athens. Dennoch ist er bemerkenswert gerecht, ja sogar großmütig gegenüber den Persern. Er betrachtet den Krieg als ein episches Ereignis, größer als das Leben selbst. Aber gleichzeitig beschäftigt er sich mit den tatsächlich Beteiligten und dem faktischen Hintergrund. Sein Buch enthält Einzelheiten zu den verschiedensten Phänomenen, die ihn

Die griechischen Theater waren so groß, daß es für weit entfernt sitzende Zuschauer schwierig war, die dargestellten Stimmungen und Gefühle zu erkennen. Man benutzte daher Masken, die einen Charakter sofort als alt oder jung, Mann oder Frau, glücklich oder traurig auswiesen. Um weiterhin den Eindruck der Überlebensgröße zu erzielen, trug der Schauspieler dicksohlige Stiefel und Umhänge mit Ärmeln. Dieses Marmorrelief zeigt den Komödiendichter Menander bei der Begutachtung einer Maske.

Diese Tragödienmasken stellen König Priamos von Troja und einen Jüngling dar. Die hier gezeigten Masken sind Abgüsse der aus Leinen und Gips gefertigten Originale.

fesselten, aber in keinem unmittelbaren Zusammenhang mit dem Krieg stehen. Außerdem berichtet er aus der Geschichte anderer Staaten, besonders über Asien und Ägypten. Persönlichkeiten finden sein besonderes Interesse. Er beschreibt sie mit einer Freude am Beobachten, die ihn nicht allein zum Vater der Geschichtsschreibung, sondern auch zum Begründer anderer Sozialwissenschaften macht. Herodot tat alles, was in seiner Macht stand, um die Wahrheit zu finden. Dabei scheiterte er gelegentlich oder mißverstand eine Angabe. Im Vergleich zu dem Umfang des Unternehmens jedoch sind die Versehen geringfügig. Oftmals gibt er Berichte von Augenzeugen wieder, oder aber er läßt beide Seiten zu Wort kommen und überläßt dem Leser die Entscheidung. Er schreibt mit großer Wucht, mit Humor, Anteilnahme und Lebendigkeit. In Stil und Geisteshaltung verbindet er Ionisches mit Athenischem. Er behandelt die Geschichtsschreibung sowohl als Kunst als auch als Wissenschaft. Während er einerseits den dichterischen Geist eines Homer wieder erstehen läßt, beschwört er andererseits den wissenschaftlichen Charakter seines Zeitalters.

Hippokrates. Ebenfalls in diesem Zeitabschnitt entwickelte sich die Medizin zu einer Wissenschaft. Die Entwicklung ist eng verbunden mit der Gestalt des Hippokrates von Kos (um 460 – um 375), dem ersten und

In diesen Masken wurden Satyrn und Narren dargestellt. Masken gestatteten es den Schauspielern, den eigenen hinter dem dargestellten Charakter zurücktreten zu lassen.

bekanntesten aus einer Gruppe von Ärzten, die in dem Sinne eine medizinische Schule bildeten, als sie eine gemeinsame Lehre vertraten. Sie folgten der gleichen Verfahrensweise, hatten eine Reihe von Erkenntnissen als gemeinsame Grundlage, tauschten Ideen untereinander aus, entwickelten neue Theorien aus bestehenden Erkenntnissen und arbeiteten streng nach wissenschaftlichen Prinzipien. Hippokrates unterstrich die Bedeutung einer sorgfältigen Beobachtung und Klassifizierung. Er glaubte, daß ein Verständnis von Teilen des menschlichen Körpers ohne das Verständnis des ganzen Körpers nicht möglich sei. Erst mit diesem Wissen, sagte Hippokrates, könne ein Arzt zur Diagnose übergehen. Die Diagnose war das Kernstück der hippokratischen Lehre.

Thukydides. Vorbilder wie Hippokrates wirkten mit ihrer größtmöglicher Objektivität verpflichteten Methode auf alle Zweige der Wissenschaften. In seinem Werk *Der Peloponnesische Krieg* untersuchte Herodots großer Nachfolger Thukydides (um 460–um 400) die Gründe für den Krieg. Thukydides war entschlossen, die Wahrheit zu finden. Er glaubte an die Wiederholbarkeit geschichtlicher Ereignisse und schlußfolgerte, daß somit spätere Generationen aus den Erfahrungen ihrer Vorgänger lernen könnten. Infolgedessen unterbrach er oft seine Darstellung, um einen

Ein dankbarer Patient bringt eine Nachbildung seines geheilten Beines an den Altar des Heilgottes Asklepios. Hippokrates, dem der Eid der Ärzte zugeschrieben wird, der hier auszugsweise wiedergegeben ist, galt als der ideale Arzt seiner Zeit – er suchte durch wissenschaftliche Erkenntnis zu heilen und nicht durch die Hilfe der Götter.

«Ich schwöre bei Apollon, ... den, der mich diese Kunst lehrte, gleich zu achten meinen Eltern ... meine und meines Lehrers Söhne diese Kunst zu lehren ... Nie werde ich, auch nicht auf eine Bitte hin, ein tödlich wirkendes Gift verabreichen oder auch nur einen Rat dazu erteilen ... In welche Häuser ich eintrete, stets will ich eintreten zu Nutz und Frommen der Kranken, mich fernhalten von willkürlichem Unrecht ... Was ich auch ... sehe oder höre ... im Leben der Menschen ... ich werde darüber schweigen ...»

Einzelfall hinsichtlich seiner Anwendbarkeit in einem allgemeineren Rahmen zu untersuchen. Obgleich er Geschichte nahezu ausschließlich als Politik versteht und, im Gegensatz zu Herodot, weitestgehend auf die Beschäftigung mit einzelnen Personen verzichtet, ist Thukydides in seiner Art dennoch ein ausgesprochen guter Beobachter. Darüber hinaus scheut er sich nicht, moralische Schlußfolgerungen zu ziehen. Niemand hat den als Folge des Bürgerkrieges auftretenden Verfall der Werte eindringlicher dargestellt. Niemand hat die Gefahren, die eine unumschränkte Macht in sich birgt, klarer aufgezeigt. Bei aller Sachlichkeit schildert Thukydides den Ablauf eines Ereignisses dennoch mit großem Einfühlungsvermögen in die ihm innewohnende Dramatik: die Risiken, die Widerwärtigkeit, die tragischen Elemente. Der Versuch, einen Gedanken einschließlich der ihn färbenden Gefühlsregungen präzise zu formulieren, macht seine Sprache gelegentlich schwer verständlich. Nur sehr wenige Historiker haben seitdem die geschichtlichen Ereignisse mit einer so leidenschaftlichen Achtung vor dem, was sie im Leben des Menschen bedeuten, dargestellt.

Die politischen Folgen der Expansion. Das Ergebnis dieses Energie- und Machtausbruchs war, daß Athen um 460 v. Chr. zu einer Stadt geworden war, die man allerorten fürchtete. Die Griechen sahen, wie Athen – oft auf Kosten widerstrebender Opfer – bemüht war, sein Reich auszudehnen, und gleichzeitig mit missionarischem Eifer demokratische Ideen förderte – eine Entwicklung, die in aristokratisch regierten Staaten mit Entsetzen und Mißbilligung verfolgt wurde. Es bildete sich ein Anti-Athener Standpunkt heraus, der in dem Werk des Dichters Pindar von Theben (um 520–um 445) voll zum Ausdruck kommt. Sowohl Ägina, wo Pindar viele Freunde hatte, als auch Böotien, Pindars Geburtsland, hatten unter der gewaltsamen Expansion Athens gelitten. Es ist daher nur zu verständlich, daß Pindar, der Athen zunächst durchaus zugetan war, das Vorgehen der Stadt schließlich mit Mißtrauen und Mißbilligung verfolgte. Er kritisierte, daß der Athener Geist, das Gefühl für den inneren Frieden, das segenbringende Fundament des Lebens, zerstörte. Die Stadt galt ihm als ein Beispiel für Selbstüberhebung, die ihren eigenen Untergang in sich birgt. Athen, sagte er, sei wie Bellerophon, der auf dem Flügelroß Pegasos den Himmel zu stürmen suchte.

Wie Pindar sahen viele Griechen mit Sorge auf Athen, das in seinem unersättlichen Tatendrang oft unerwartet an entlegenen Orten eingriff und sich weigerte, die Dinge so zu belassen, wie sie waren. Grollend verfolgten die Aristokraten den Aufstieg einer Macht, die sie wahrscheinlich ihrer eigenen Macht und ihrer Privilegien berauben würde. In allem widersprach Athen ihrem Denken und Trachten. Sie waren bereit, Athen seinen Weg gehen zu lassen, wenn Athen seinerseits nur bereit wäre, sie den ihren gehen zu lassen. Dazu jedoch, fürchteten sie, war Athen nicht bereit. Befangen in ihrer Furcht vor dem, was Athen repräsentierte, gelang es ihnen nicht im entferntesten, den Leistungen Athens etwas Gleichwertiges entgegenzustellen. Weder in den schönen Künsten noch in der Wissenschaft traten die bestehenden Aristokraten in Konkurrenz zu Athen. Sie hielten an ihrer Position fest und stellten sich allem Neuen in den Weg. Ein Zusammenstoß dieser beiden Positionen war unvermeidlich und führte schließlich zum Peloponnesischen Krieg, der sich als lang und tödlich erweisen sollte.

6. Griechen gegen Griechen

In dem gleichen Zeitraum, in dem das Perikleische Athen auf kulturellem Gebiet eine unglaubliche Tatkraft an den Tag legte, forcierte die Stadt auch die Ausweitung seines Handels und seiner politischen Einflußsphäre. Athen hatte seine Stellung als Seemacht fest begründet und begann nun, seine Festlandsinteressen zu überprüfen. Das unsichere Gleichgewicht der Kräfte, das sich bisher in Griechenland erhalten hatte, zerfiel, und die griechischen Staaten wurden in eines der beiden Lager — Athen oder Sparta — gezogen. Ein Zusammenstoß schien bald unvermeidlich. Der Peloponnesische Krieg brach 431 v. Chr. aus und dauerte, von einer kurzen Friedenszeit abgesehen, bis 404 v. Chr.: ein langer, erbittert geführter und zermürbender Krieg, der für Athen einen verheerenden Ausgang hatte. Aber in all diesen Kriegsjahren und sogar noch nach Kriegsschluß blieb Athen das Zentrum des geistigen und künstlerischen Lebens in Griechenland. Es brachte Dramatiker und Philosophen hervor, deren Werke zwar nicht mehr den Geist der Perikleischen Zeit atmeten, darum aber nicht weniger außergewöhnlich sind.

Kriegsausbruch. Bei Ausbruch des Krieges im Jahre 431 v. Chr. war Griechenland in zwei Lager gespalten. Der Spartanische Bund umfaßte nahezu das Gesamtgebiet des Peleponnes, den Isthmus von Korinth und Megara. Zu dem Athener Reich zählten die Inseln in der Ägäis und die Küste Kleinasiens. Sparta war konservativ, aristokratisch und fest entschlossen, den bestehenden Status zu erhalten. Athen war militant demokratisch, ja sogar revolutionär und bemühte sich beharrlich, seine Lehre auszubreiten. Der Krieg war damit als eine Auseinandersetzung dieser beiden Positionen von grundsätzlicher Bedeutung. Er nimmt auch in der Geschichtsschreibung einen bedeutenden Platz ein, und zwar weitgehend durch die Bemühungen eines Mannes, des Historikers Thukydides, der in seinem Buch *Der Peloponnesische Krieg* eine hervorragende Darstellung der Ereignisse gibt. Thukydides nahm selbst an dem Krieg teil. Später sammelte er Augenzeugenberichte, untersuchte Dokumente und besuchte

Ein Soldat, der in den Krieg zieht, dargestellt auf einer Schale zum Weinmischen aus dem 6. Jahrhundert v. Chr., ist vom Kopf bis zu den Knien durch einen runden Schild geschützt, trägt Beinschienen und einen Helm mit Wangenschutz.

die Kriegsschauplätze. Die Ergebnisse seiner Nachforschungen legte er mit wissenschaftlicher Sorgfalt und Objektivität nieder. Daneben ist sein Buch reich an enthüllenden Details über Persönlichkeiten und klugen Interpretationen der Streitfragen, die zu Kampfhandlungen führten.

Der tiefere Grund für den Krieg ist in Spartas Mißtrauen gegenüber Athen zu sehen. Die Anlässe jedoch, die zum Kriegsausbruch führten, waren, wie so oft, trivial. Einer der bedeutendsten Verbündeten Spartas war Korinth, eine Kolonial- und Handelsmacht, deren Interessen in scharfer Konkurrenz zu denen Athens standen. Als es im Jahre 433 v. Chr. zwischen der von Korinth gegründeten Kolonie Korkyra und Korinth zu vorübergehenden Unstimmigkeiten kam, ging Korkyra ein Bündnis mit Athen ein. Fast gleichzeitig mischte sich Athen in die Belange einer anderen korinthischen Niederlassung in Potidaia ein. Korinth protestierte und ermahnte Athen, einzuhalten. Perikles, der fühlte, daß ein Krieg drohte, antwortete mit einem totalen Handelsembargo für Megara, einem Staat, der an Attika grenzte, aber dem Spartanischen Bund angehörte. Perikles betrachtete Megara auf Grund seiner strategisch wichtigen Lage am Isthmus von Korinth als eine ernsthafte Bedrohung für das Athener Reich. Nach diesen Ereignissen erklärte Sparta unter dem Druck Korinths Athen den Krieg. Perikles nahm die Herausforderung an.

Die strategische Lage. Perikles hatte die Lage klar erkannt: die Vorteile Athens waren seine Flotte und sein Reichtum, der Nachteil: das Athener Heer war den Spartanern nicht gewachsen. Perikles schlug daher vor, den Feind nach Attika eindringen zu lassen, in der Hoffnung, Athen könnte hinter seinen Befestigungsanlagen aushalten. In der Zwischenzeit wollte er mit der Athener Flotte Schaden anrichten, wo immer es möglich war. Der Plan beruhte auf der Annahme, daß man Sparta schließlich zermürben könnte.

Trotz Perikles' Ansehen wurde dieser Plan unpopulär. Athen selbst war hinter seinen Wällen sicher, und da der Zugang zum Meer frei blieb, war auch die Nahrungsmittelversorgung gewährleistet. Aber in jedem Jahr verwüsteten die Spartaner die umliegenden Felder. Sie zerstörten das Getreide, die Obstgärten und vor allem die Olivenbäume, die viele Jahre brauchen, bevor sie Frucht tragen und den Hauptreichtum der Athener darstellten. Aus Gründen der Sicherheit wurden die Landbewohner nach Athen gebracht, das bald hoffnungslos übervölkert war. Im Jahre 430 v. Chr. wurde die Stadt von einer entsetzlichen Seuche heimgesucht, möglicherweise Typhus.

Athen in der Krise: Perikles stirbt. Zu diesem Zeitpunkt wurde Perikles heftig angegriffen. Die Athener kritisierten, daß der Krieg sich ohne sichtbare Erfolge in die Länge zog. Der Seekrieg gegen Epidauros auf dem

Peloponnes ist vielleicht als Reaktion Perikles' auf diese Angriffe zu verstehen. Er belagerte die Stadt, konnte sie jedoch nicht einnehmen. Daraufhin segelte er weiter die peloponnesische Küste entlang und zerstörte einige andere Städte. Als er zurückkehrte, fand er Attika nach einer vierzig Tage dauernden Belagerung durch die Spartaner verwüstet. Athen war in seinem Glauben erschüttert und drängte auf Frieden. Perikles wurde von den Athenern, die ihn für ihr Unglück verantwortlich machten, seines Amtes enthoben, vor ein Gericht gestellt und wegen Mißbrauchs öffentlicher Mittel zu einer Geldstrafe verurteilt. Nicht lange danach wurde er jedoch wiedergewählt, da man einsah, daß er, was auch immer seine Schwächen sein mochten, der beste Führer war, den Athen besaß. Ein Jahr später starb Perikles an der Pest. Plutarch beschreibt seine Krankheit als «schleichend und langwierig, unterbrochen von Zeiten der Besserung. So verzehrte sie langsam die Kräfte seines Körpers und brach die Stärke seiner Seele.» Perikles' Tod war ein tragischer Verlust für Athen.

Die Erben des Perikles. Perikles' Nachfolger kamen ihm weder an Autorität noch an Urteilsvermögen gleich. Eine Gruppe, geführt von dem wohlhabenden und angesehenen Nikias (um 470–413), wollte Sparta um Frieden bitten. Eine zweite Gruppe, mit dem ungestümen Demagogen Kleon (gest. 422) an der Spitze, wollte den Krieg fortsetzen. Nikias war ein ehrenwerter, aber furchtsamer Mann, den man gelegentlich beschuldigt hat, er habe seinen Reichtum dazu benutzt, die Gunst der Athener zu erkaufen. Er finanzierte, so sagte Plutarch, «Theaterspiele, sportliche Wettkämpfe und andere öffentliche Schauspiele, die kostspieliger und prächtiger waren als alles, was aus eigener und früherer Zeit bekannt war». Kleon, Sohn eines Gerbers, hatte sich während des Krieges mit Schläue, Mut und Beredsamkeit den Weg an die Spitze gebahnt. Er nannte sich selbst den «Wachhund des Volkes», aber nicht alle Athener pflichteten ihm in dieser Selbsteinschätzung bei. Thukydides gibt zu verstehen, daß Kleon sich dem Frieden widersetzt habe, weil «er glaubte, wenn wieder Ruhe eingetreten sei, würden wohl seine Übeltaten eher ans Licht kommen und seine Verleumdungen weniger Glauben finden».

Durch ihre persönliche Rivalität hielten Nikias und Kleon Athen und die Athener Sache beständig in Unruhe. Sie konnten sich nicht auf eine gemeinsame Politik einigen und stellten ihre Uneinigkeit in heftigen Debatten zur Schau. Mindestens bei einer Gelegenheit stieß die Volksversammlung ihre Entscheidung innerhalb von zwei Tagen um. 428 v. Chr. versuchte Mytilene auf der Insel Lesbos erfolglos, sich von Athen loszusagen. Um die Stadt für ihren Treubruch zu strafen, überredete Kleon die Volksversammlung, für die Hinrichtung aller erwachsenen Männer von Mytilene zu stimmen. Man entsandte ein Schiff, das der Athener Flotte den Befehl zur Vollstreckung dieses Auftrages überbringen sollte. Unter dem heftigen Protest Kleons widerrief die Volksversammlung jedoch bereits am nächsten Tag diesen Befehl und entsandte ein zweites Schiff, dem es durch gewaltige Anstrengung gelang, die Flotte noch kurz vor dem zuerst ausgesandten Schiff zu erreichen.

Bei einer anderen Gelegenheit zwang Nikias den Kleon, Farbe zu bekennen. Athener Streitmächte hatten Pylos, den Seehafen Spartas, 425 v. Chr. besetzt. Die vor Pylos gelegene Insel Sphakteria aber wurde immer noch von einer Einheit spartanischer Soldaten gehalten. Die Belagerung hatte sich bereits über viele Monate erstreckt, als Kleon der Volksversammlung in verächtlichem Ton eröffnete, daß er, hätte er den Oberbefehl über die Athener Truppen gehabt, imstande gewesen wäre, die Insel ohne große Schwierigkeiten einzunehmen. Verärgert trat Nikias den Oberbefehl an ihn ab und forderte, Kleon solle seine Behauptungen rechtfertigen. Kleon versuchte, sich aus der Angelegenheit herauszuwinden, aber ohne Erfolg. So segelte er ab mit dem Versprechen, seinen Auftrag in zwanzig Tagen zu erfüllen. Zur allgemeinen Überraschung gelang es ihm. Die Spartaner auf Sphakteria kapitulierten.

Friedensbemühungen. Vielen Athenern schien dies der geeignetste Zeitpunkt, den Krieg überhaupt zu beenden – Athen war im Vorteil und konnte günstige Friedensbedingungen fordern. Kleon aber, dessen Vermessenheit nach seinem Erfolg noch wuchs, drängte auf eine Fortführung des Krieges.

Von diesem Moment an begann Athen, an Boden zu verlieren. Auf die Niederlage bei Delium in Böotien im Jahre 424 v. Chr. folgte 422 v. Chr.

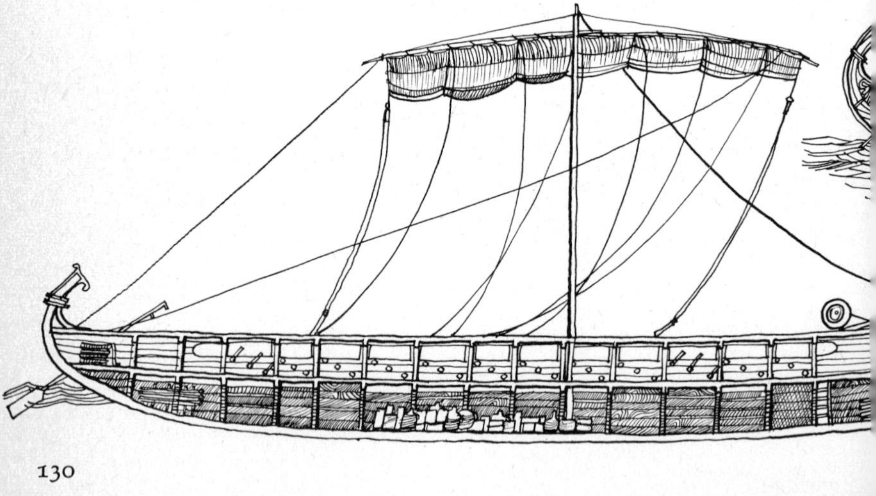

ein weiterer Fehlschlag bei Amphipolis in Thrakien. Kleon selbst fiel bei Amphipolis. In der gleichen Schlacht fiel auch der spartanische Feldherr Brasidas, ein Mann von so großem Ansehen, daß selbst seine Feinde ihn bewunderten. Thukydides behauptet, daß die Erinnerung an die Ritterlichkeit und Klugheit des Brasidas ein Hauptgrund dafür war, daß in einer späteren Phase des Krieges eine spartafreundliche Haltung unter den Verbündeten Athens aufkommen konnte.

Im Jahr 421 v. Chr. wurde ein Friedensvertrag unterzeichnet, der jedoch nur geringe Aussichten hatte, eingehalten zu werden. Die Verbündeten Spartas fühlten sich um rechtmäßige Gewinne betrogen, und in Athen schmiedete eine jüngere, selbstbewußtere Generation kühne Pläne. An ihrer Spitze stand mit dem jungen Alkibiades (um 450–404), einem Verwandten des Perikles, eine Persönlichkeit, wie sie das politische Leben Athens bisher nicht gekannt hatte. Alkibiades war in Perikles' Haus erzogen worden, war jedoch ein ganz anderer Mensch. Er sah außergewöhnlich gut aus, war intelligent und wohlhabend und gleichzeitig ehrgeizig, anmaßend und zügellos. Solange sich sein persönlicher Ehrgeiz

Die Linienschiffe der griechischen Flotte waren Trieren, von denen eine hier in einer Seitenansicht und auf der gegenüberliegenden Seite in einem Längsschnitt abgebildet ist. Die Besatzung einer Triere bestand aus 170 Ruderern in drei Reihen, einer Deckmannschaft von 30 Mann und 10 bis 18 Soldaten. Die Hauptwaffe in der Schlacht war eine metallbeschlagene Ramme, mit der feindliche Schiffe durchlöchert wurden.

Die bedeutendsten Schlachten des Peloponnesischen Krieges sind auf dieser Karte verzeichnet. In diesem Krieg bediente man sich vieler unkonventioneller Taktiken. Bei der Belagerung von Platää versuchten die Spartaner, einen Erdwall aufzuschütten, von dem aus spartanische Bogenschützen über die Mauern in die Stadt schießen konnten. Die Bewohner von Platää gruben einen Tunnel zu dem Wall und trugen unten die Erde ab, die die Spartaner oben aufschütteten. Die von den Spartanern daraufhin herbeigeschafften

mit den Interessen Athens deckte, wurde er als tatkräftiger Patriot geachtet, geliebt und bewundert. Aber er war auch gefürchtet.

Kriegsgreuel. Athen wurde nun von einem Geist der Rücksichtslosigkeit erfüllt, dessen extremer Repräsentant Alkibiades war. Hinzu kam eine bis dahin unbekannte Unbarmherzigkeit. Thukydides sagt: «Der Krieg,

Mauerbrecher wurden von den Bewohnern von Plataä mit einem Seil eingefangen und in die Stadtmauern gezogen. Bei Delium stellten die Böotier aus einem großen Kessel mit brennenden Kohlen, einem ausgehöhlten Baumstamm und einem Blasebalg einen Flammenwerfer her, mit dem sie die Schutzwälle der Stadt zerstörten, so daß sie eindringen konnten.

der den mühelosen Erwerb des täglichen Bedarfs unterbindet, schwingt die Zuchtrute der Gewalt und lenkt die Leidenschaften der Menge so, wie es der Augenblick befiehlt.» Weder in Athen noch in Sparta galten Überlegungen von Anstand und Ehre, wenn sie einem möglichen Vorteil im Wege standen. Als Sparta im Jahre 427 v. Chr. die Stadt Plataä einnahm – ein Bündnispartner Athens –, wurden alle, die kapitulierten, hingerich-

Athen trug den Krieg aus Versorgungs- und Strategiegründen bis nach Sizilien, wo man den korinthischen Handel empfindlich zu treffen hoffte. Trotz aller sorgfältigen Vorbereitungen wurde der Krieg gegen Syrakus zu einem totalen Fiasko für Athen. Das Expeditionscorps wurde fast völlig aufgerieben.

tet. Als im Winter 416–415 v. Chr. die Insel Melos sich weigerte, dem athenischen Reich beizutreten, töteten die Athener alle Männer im wehrpflichtigen Alter und versklavten den Rest der Bevölkerung.

Aber es gab auch Menschen, die gegenüber derartigen Handlungen nicht abgestumpft geworden waren. 415 v. Chr. schrieb Euripides *Die Troerinnen,* ein Stück, in dem er die Ungerechtigkeiten und Schrecken des Krieges dramatisiert. In diesem Stück sagt Hekabe, die gefangengenommene Königin von Troja:

Hier vor des Agamemnon Zelt
Hock ich in Jammer eingehüllt. –
Wie bald führt man die Greisin fort
Als Magd in eine fremde Stadt.
Als Magd, wie schrecklich ist die Schur
Auf meinem alten, mürben Haupt ...

Ausweitung des Krieges. Unter dem Vorwand, Sparta habe seine in dem Friedensvertrag eingegangenen Verpflichtungen nicht erfüllt, wagte Alkibiades 419 v. Chr. einen neuen Angriff gegen Sparta. Dieser Feldzug erreichte ein Jahr später mit der Schlacht von Mantinea seinen Höhepunkt. Die Athener und ihre Verbündeten wurden trotz sorgfältiger Vorbereitung von den Spartanern vernichtend geschlagen. Aber das Ansehen des Alkibiades war auch nach dem Zusammenbruch dieses Unternehmens noch nicht gänzlich erschüttert. Nach wie vor stand eine starke, wenn auch radikale Gruppe der Bevölkerung hinter ihm, und Alkibiades hatte bald andere klügere Pläne ersonnen. Wenn Sparta durch einen Frontalangriff nicht zu besiegen war, so würde er es eben mit anderen Mitteln vernichten. Er schlug vor, Sparta für den Moment aus dem Spiel zu lassen und das Athener Reich durch die Einverleibung der griechischen Kolonien im Westen, vor allem Siziliens, zu stärken. Sollte das gelingen, hätte man dem Handel von Korinth, der das finanzielle Rückgrat des Spartanischen Bundes bildete, einen empfindlichen Schlag versetzt. Eine reiche Ausbeute an Getreide und Vieh würde an Athen fallen, und mit dem Menschenmaterial auf Sizilien könnte man den Bestand an wehrfähigen Truppen erheblich aufbessern. Aber noch funkelndere Siegespreise mögen die Athener geblendet haben – nur durch eine schmale Meerenge von Sizilien getrennt, lag an der afrikanischen Küste das reiche phönizische Karthago, das den gesamten Handel im westlichen Mittelmeer beherrschte.

Das unmittelbare Operationsziel des sizilischen Feldzuges war die Stadt Syrakus. Unter dem Vorwand, die benachbarten Städte vor der Tyrannei Syrakus zu schützen, wurde eine umfangreiche Expedition ausgerüstet. Sie segelte vom Piräus aus und trug die hochfliegenden Hoffnungen und den Ehrgeiz einer bewundernden Menge, die dem Unternehmen Glück wünschte. Thukydides schreibt: «Die ganze Bevölkerung, so kann man sagen, gab ihnen das Geleit bis ans Meer hinab ... hoffnungsvoll und zugleich mit Tränen, denn in die Hoffnung auf die Eroberung Siziliens mischte sich die Sorge, ob sie die Ihren jemals wiedersehen würden.»

Rückschläge für Athen. Rückblickend ist der Feldzug gegen Syrakus eines jener historischen Ereignisse, die von vornherein zum Scheitern verurteilt scheinen. Nichts wurde unversucht gelassen, diesen Feldzug zu einem vollen Erfolg zu machen, und alles schlug fehl. Den Oberbefehl

In dieser Szene aus den «Troerinnen», der Tragödie des Euripides aus dem Jahre 415 v. Chr., werden die trojanischen Frauen von den Mauern ihrer brennenden Stadt den siegreichen Griechen als Sklavinnen übergeben. Die Tragödie des Europides dramatisiert Elend und Schrecken des Krieges, die der Dichter während des Peloponnesischen Krieges erlebte.

teilten sich zwei der bedeutendsten Männer Athens, Nikias und Alkibiades, mit einem der besten Athener Feldherrn, Lamachos (gest. 414). Nikias hatte sich dem Unternehmen in der Volksversammlung widersetzt und war in gewisser Hinsicht ein Hindernis für den Feldzug — er hatte kein Talent zu wagemutigen Unternehmungen. Alkibiades hätte Nikias' Mangel an Phantasie und Initiative aufwiegen können, aber als die Flotte Sizilien erreichte, wurde er zurückbeordert, um sich wegen eines groben Aktes von Entweihung — man beschuldigte ihn, Hermesstatuen zerstört zu haben — zu verantworten. Alkibiades wußte, was ihn in Athen erwartete und lief zu den Spartanern über. Leichtfertig wechselte er seine Gesinnung und beriet fortan die Spartaner.

Nach schwerfälligen Ansätzen gelang es, Syrakus von der See her einzuschließen. Gleichzeitig schien es dem Athener Heer zu gelingen, die Stadt auch von ihrem Hinterland abzuschneiden. Da jedoch traten zwei Ereignisse ein, die die Aussichten der Athener zunichte machten. Lamachos fiel, und Syrakus erhielt neuen Auftrieb durch die Ankunft des spartanischen Feldherrn Gylippos, den Sparta auf Anraten von Alkibiades entsandt hatte. Nikias war völlig entmutigt. Gegen Ende des Jahres 414 v. Chr. sandte er eine Botschaft nach Athen: «Jetzt ... ist es an euch zu entscheiden: entweder müßt ihr ... uns zurückrufen, oder ihr müßt eine weitere Streitmacht, Landheer und Flotte, nicht minder groß als die erste schicken. Darüber hinaus viel Geld, und für mich einen Nachfolger, da ich nierenkrank bin und nicht bleiben kann.»

Die Vernichtung des Athener Expeditionskorps in Sizilien. Im Jahre 413 v. Chr. wurde die Lage sogar noch bedrohlicher. Nach erfolglosen Versuchen, Syrakus einzuschließen oder die Befestigungsanlagen der Stadt zu durchbrechen, schlug das Athener Heer in einem tiefgelegen, sumpfigen Gebiet sein Lager auf. Die Truppen wurden vom Fieber befallen, und Nikias' Gesundheitszustand verschlechterte sich. Als die angeforderte Verstärkung, geführt von Demosthenes, schließlich eintraf, war es bereits zu spät. Die Athener segelten in den Hafen und erkannten, daß der Gegner im Begriff war, sie zu umzingeln. Sie hätten sich so schnell wie möglich zurückziehen sollen, aber Nikias verschob den Rückzug, weil gerade eine Mondfinsternis herrschte und er aus Aberglauben nicht wagte, zu einem solchen Zeitpunkt irgend etwas zu unternehmen. Thukydides merkt an, daß Nikias «für religiöse Zeichen und dergleichen äußerst zugänglich war».

Als Nikias dann endlich den Befehl zum Angriff gab, stand es bereits hoffnungslos für die Athener. Den griechischen Schiffen gelang es nicht, aus dem Hafen auszubrechen, und das Landheer, das versuchte, sich nach Süden zurückzuziehen, befand sich bereits im Zustand der Auflösung und war so entkräftet, daß es die Syrakuser nicht abwehren konnte. Nikias und

Demosthenes kapitulierten und wurden hingerichtet. Einige wenige glückliche Soldaten wurden zu Haussklaven, die übrigen jedoch wurden in sizilische Steinbrüche gebracht, wo sie, Thukydides zufolge, «in Massen in dem tief eingehöhlten engen Raum zusammengedrängt waren ... Während sie bei Tag unter den Sonnenstrahlen und der erstickenden Hitze litten ... waren die Nächte herbstlich kühl. Dieser plötzliche Temperaturwechsel hatte Krankheiten zur Folge. Wegen der Enge mußten alle Verrichtungen an demselben Ort geschehen; die Leichen lagen gehäuft übereinander ... Die Gerüche waren unerträglich. So hatten die an einem solchen Ort Eingeschlossenen schwer zu leiden ... In ‹völliger Vernichtung› waren, wie man so sagt, Landheer und Schiffe und ohne Ausnahme alles zugrunde gegangen, und nur wenige von vielen kehrten in die Heimat zurück.»

Letzte Abwehrversuche. Aber die Spannkraft Athens und die Stärke seiner Seemacht waren so überragend, daß es den Krieg noch weitere zehn Jahre fortsetzen konnte. Man baute neue Schiffe, bildete neue Mannschaften aus, und es gelang, die Seewege zum Schwarzen Meer mit seinen lebensnotwendigen Getreidehäfen offen zu halten. Gleichzeitig war Athen selbstkritisch genug, sich zu fragen, welche Mängel seine demokratische Regierungsform aufweisen mochte. Für eine kurze Zeit experimentierte Athen mit traditionellen Regierungsformen. Von Juni bis September 411 v. Chr. zum Beispiel legte man die gesamte Verwaltung, einschließlich der Aufsicht über Geldangelegenheiten, in die Hände eines ernannten Rates, in dem jeder der zehn attischen Stämme vierzig Männer stellte. Andere Experimente folgten, von denen jedoch keines das notwendige Vertrauen einflößte. Schließlich wurde die unumschränkte Demokratie wiederhergestellt. Man erlaubte sogar dem verräterischen Alkibiades, als er in Sparta nicht länger erwünscht war, nach Athen zurückzukehren. Nahezu ein Jahr lang diente er als Feldherr. Er vermochte jedoch nicht, die in ihn gesetzten Hoffnungen nach einer starken und wirkungsvollen Führung zu erfüllen, und wurde nicht wiedergewählt.

Trotz seiner Unentschlossenheit hätte Athen den Krieg wahrscheinlich fortsetzen können, hätte es nicht dreimal empfindliche Rückschläge erlitten. 412 bis 411 v. Chr. sagten sich viele Bundesgenossen, darunter Chios, Milet, Mytilene, Rhodos und Abydos, von Athen los, um sich Sparta anzuschließen. Hinzu kam Spartas Entschluß, entgegen den eigenen Prinzipien und der griechischen Tradition ein Bündnis mit den Persern einzugehen, ein Schritt, der Sparta unter anderem großzügige Geldmittel erschloß. Das dritte Unheil Athens bestand in Spartas Entscheidung, eine Flotte zu bauen, um Athen auch zur See zu bekämpfen.

Der Zusammenbruch Athens. Das Ende des Krieges brach unerwartet herein. Die im Hafen von Aigospotamoi in Thrakien vor Anker liegende Athener Flotte wurde von den Schiffen der Spartaner unter der Führung Lysanders (gest. 395) überrascht, als die Mannschaften am Ufer ihre Mahlzeit einnahmen. Die Athener Flotte wurde völlig zerstört. Die Nachricht erreichte Athen an einem Tag im Spätsommer 405 v. Chr., und «in dieser Nacht schlief niemand». Athen, von einer Hungersnot bedroht und durch ergebnislose Verhandlungen gelähmt, ergab sich Lysander im April 404 v. Chr. Auf Grund der Friedensbedingungen verlor Athen alle ausländischen Besitzungen und seine Flotte, mußte die Wälle vom Piräus und die Lange Mauer zwischen dem Piräus und der Stadt niederreißen und sich verpflichten, Spartas Verbündeter zu werden.

Für Athen war es ein totaler Krieg gewesen. Die Ländereien waren überfallen und verwüstet worden; die Kämpfe waren bis an die Mauern der Stadt vorgedrungen; Männer im vorgerückten Alter waren zum Kriegsdienst herangezogen worden; es gab, von den Seewegen abgesehen, nur wenige Zufahrtstraßen, die außerdem noch gefährlich waren; Nahrung war oft knapp.

Das kulturelle Leben in Athen während des Krieges. Aber trotz dieser gewaltigen physischen Belastungen gab die Stadt dennoch nie ihr Interesse an den Künsten auf. In der erbittertsten Phase des Krieges baute Athen zwei der schönsten Tempel auf der Akropolis, das kleine, der Athena Nike geweihte Heiligtum und das Erechtheion. Während der großen Pestepidemie schrieb Sophokles sein Meisterwerk *König Ödipus*. Als der Krieg sich seinem Ende zuneigte, sprach er den Athenern mit seinem Stück *Ödipus auf Kolonos* Trost zu. In diesem Stück ist Ödipus alt und hat lange für seine Untaten gelitten, um dann dennoch in Frieden sterben zu können. Sophokles läßt ihn die denkwürdigen Verse sagen:

Tausend Städte fallen doch
Den frommen Nachbarn an aus schierem Übermut.
Die Götter ahnden es ja spät, ob sicher zwar,
Wenn einer sich vom Göttlichen weg zum Wahnsinn kehrt.

Aus dem Wunsch heraus, die heiligen Stätten aus den Legenden über die Anfänge Athens mit Glanz zu umgeben, errichteten die Architekten der Stadt das Erechtheion. Es steht auf der Nordseite der Akropolis, wo einstmals das Haus des Sagenkönigs Erechtheus war. Unter einer Ecke befindet sich das Grab des legendären ersten Königs von Athen, Kekrops. Das Bauwerk enthält die Geschenke, die die Götter Poseidon und Athene der Stadt machten, um die Zuneigung der Bürger zu erringen. Dort waren die Spuren des glühenden Dreizacks, mit dem Poseidon den Felsen spaltete und einen Salzquell erschloß. In einem Hof befand sich der knorrige Olivenbaum, den Athene der Stadt schenkte.

Fünfzehn der erhaltenen neunzehn Stücke des Euripides wurden während der Kriegsjahre geschrieben, darunter *Herakles* und *Elektra*. In beiden Tragödien kommt ein tiefempfundenes Mitgefühl und Verständnis zum Ausdruck — zweifellos ausgelöst durch die Erfahrungen Athens.

Auch Aristophanes schrieb während des Krieges weiterhin überschwengliche Komödien. In der Komödie *Die Acharner* macht er sich über die Kriegspartei lustig. In einer anderen Komödie, *Die Vögel*, verspottet er die übereilten Hoffnungen, denen Athen sich zur Zeit des Angriffs auf Syrakus hingab. Trotz seiner Respektlosigkeit liebte Aristophanes seine Stadt und gab oft weisen Ratschlag. *Die Frösche*, ein bezaubernder poetischer Schwindel, wurde geschrieben, um die Wucht des Vernichtungsschlages zu mildern, als die Niederlage bevorstand.

Wandel der Weltanschauung. Durch den Krieg war Athen an Erfahrung reicher geworden, denn man hatte lernen müssen, Dinge von Grund auf zu durchschauen. Zugleich hatte der Krieg die Stadt in tiefste Erniedrigung gestürzt. Im Verlauf des Krieges war das Leben in Athen von Verschlagenheit und Korruption zersetzt worden, was zum Teil auf die physische Belastung zurückzuführen ist, aber sehr viel wahrscheinlicher das Ergebnis einer geistigen Auszehrung war, die sich als Begleiterscheinung eines ausgedehnten Krieges unvermeidlich einstellt. Perikels war stolz gewesen auf Athens freiheitlichen Forschergeist, das Athen des Alkibiades jedoch gab mehr auf Macht als auf Freiheit. Alkibiades selbst bezeichnete die Demokratie als einen «anerkannten Wahnsinn», und Athen, obgleich es ihn schließlich auswies, war geneigt, ihm zuzustimmen. An die Stelle alter Religion und Moral setzte dieses Athen den Glauben «Macht hat Recht», wobei der alte Begriff von persönlicher Integrität hinter dem Streben nach persönlichem Emporkommen zurücktrat.

Sophisten. Die früher geschätzte ernsthafte Diskussion wurde zu einem geistreichen Disputieren verfälscht, wobei noch die verächtlichsten Handlungen als hervorragend ausgegeben werden konnten. Die ehemalige Bewunderung für geistige Freiheit sank herab zu einer Achtung vor einer gewissen Art von Verschlagenheit, vor der Fähigkeit, gleichgültig mit welchen Mitteln, eine Sache zu vertreten. Die entschiedensten Anhänger dieser Anschauung waren in einer Gruppe von Männern zu finden, die man Sophisten nannte. Sie bildeten keine Schule im eigentlichen Sinne; was sie verband, war ihr gesteigertes Interesse an den Methoden und Techniken von Rhetorik und Diskussion. Sie erzogen auf Vortragsreisen gegen hohe Unterrichtsgebühren junge, ehrgeizige Leute zu Karrieristen, die den Kern der philosophischen Lehren bald vergaßen und einem ungehemmten Moralopportunismus huldigten. Daher gerieten die Sophisten schnell in Verruf, obwohl ihr zunächst formallogischer Ansatz durchaus in der Tra-

Die Teilnehmer an einer Panathenaia-Prozession tragen Wasserkrüge, vielleicht als Opfergaben gedacht, auf die Akropolis. Ihr Ziel war das hölzerne Standbild der Göttin Athene im Erechtheion.

dition griechischer Philosophie stand. Dieser Ansatz aber entartete schnell zu plattem, spitzfindigem Taktieren, zu eigennütziger Haarspalterei.

Nicht alle Sophisten, wie geschickt ihre Argumentation auch immer sein mochte, beschäftigten sich mit Problemen des weltlichen Erfolges. Einige von ihnen waren ernsthafte Denker, wahre Nachkommen einer früheren Generation von Wissenschaftlern und Philosophen, deren Ziel Erkenntnis gewesen war. Protagoras (um 480—um 410), der das Wesen der Götter zu ergründen suchte, ging in seinen Theorien weiter als irgendein anderer Grieche vor ihm. Er schlußfolgerte aus seiner Voraussetzung, der Mensch

Im Römischen Reich hielt sich die poetische Tradition Griechenlands noch eine Weile, bis das Christentum zur Staatsreligion aufstieg. Erst in der Neuzeit entdeckte man das griechische Drama wieder, das heute ein fester Bestandteil unseres kulturellen Lebens ist. — Unser Foto zeigt eine Szene einer Freilichtaufführung des Athener Nationaltheaters.

sei das Maß aller Dinge: «Von den Göttern vermag ich nichts festzustellen, weder daß es sie gibt, noch daß es sie nicht gibt.» Auf Grund dieser «Gottlosigkeit» wurde Protagoras gezwungen, aus Athen zu fliehen. Die Menschen fürchteten sich vor so radikalen Anschauungen. Es ist sogar möglich, daß sie sie als ausgesprochen schädlich betrachteten, solange der Krieg sich hinzog und Athen jegliche Moral und sittliche Stärke benötigte, die es aufbringen konnte.

Sokrates (470–399), ebenfalls ein Sophist, der auch der «Gottlosigkeit» beschuldigt wurde, war es, der einer neuen Philosophie in Athen zum

Durchbruch verhalf. Aber das sollte erst eine Generation später geschehen. Athen mußte sich zunächst von den unmittelbaren Auswirkungen des Krieges erholen, aus dem es wirtschaftlich erschöpft und politisch zerrissen hervorgegangen war.

Die Nachkriegszeit in Griechenland. Athens politische Schwierigkeiten rührten zu einem beträchtlichen Teil aus Spartas ungeschickten Versuchen her, in Athen eine den Vorstellungen Spartas entsprechende Regierung einzusetzen. Sparta unterstützte die konservativen, antidemokratischen Elemente in der Athener Politik und ernannte einen Regierungsrat, der sich aus dreißig Mitgliedern zusammensetzte, die man später in der Geschichte Athens als die Dreißig Tyrannen bezeichnete. Statt zu regieren, verbrachten die Dreißig ihre Zeit damit, ihre ehemaligen Gegner, die Demokraten, zu verfolgen. Ohne große Achtung vor Gesetz und Ordnung beschlagnahmten sie Eigentum und fällten eine erschreckend große Zahl von Todesurteilen. Nach weniger als einem Jahr erhoben sich die Athener gegen sie, setzten die Dreißig ab und vertrieben sie aus der Stadt.

In anderen Stadtstaaten war Spartas Politik ebenso unangemessen. Die spartanischen Könige, die ihren Staat mit unumschränkter Macht regierten, hatten keine Vorstellung, wie man Menschen behandeln mußte, die gewohnt waren, ihr eigener Herr zu sein. Spartas Feldherren, die nur das Kriegshandwerk beherrschten, wurden durch die Aussicht auf Gewinn, die sich ihnen in ihrer neuen Position bot, schnell korrupt. Die lokalen Regierungen waren brutal, blutrünstig und unfähig. Die Gewinne Spartas waren schnell zerronnen. 371 v. Chr. wurde Sparta endgültig aus der Macht verdrängt, nachdem sein Heer in der Schlacht von Leuktra von einem thebanischen Heer unter der Führung des begabten Feldherrn Epaminondas (um 420–362) geschlagen worden war.

In Athen war nach der Vertreibung der Dreißig Tyrannen die Demokratie bis zu einem gewissen Grad wiederhergestellt worden, und die Stadt begann nun, ihre zerrüttete Wirtschaft wieder zu festigen. Die Kriegskosten hatten den Staatsschatz erschöpft. In die athenischen Märkte im Mittelmeerraum waren Händler aus Ländern, die nicht in den Krieg verwickelt gewesen waren, eingedrungen. Lediglich der Handel im Schwarzmeerraum war durch den Krieg nicht beeinträchtigt worden, und Athen begann, seine Schiffe dort zu konzentrieren. Um 360 v. Chr. hatte die Stadt sich so weit erholt, um wieder zum geistigen Mittelpunkt Griechenlands, zur «Schule von Hellas» zu werden.

7. Eine neue Glanzzeit

Nach 404 v. Chr. erreichte Athen die kulturelle und politische Stellung der Perikleischen Zeit nicht wieder. Vieles von dem Glanz jener Zeit war aus Glaubenssätzen erwachsen, die nun, wenn auch nicht tot, so doch zumindest hohl geworden waren. Ein Leben im Dienste des Stadtstaates war einst das Ideal der Athener gewesen, aber die Niederlage durch Sparta hatte dieses Ideal verblassen lassen. Sokrates, der eine Wiederbelebung von Philosophie und Wissenschaft bedeutete, konnte und wollte die alten Ideale nicht weiterpredigen. Nach sokratischer Sicht war das Gewissen ein besserer Führer zum rechten Verhalten als die Anforderungen der Gesellschaft. Ein Athen mit dieser Anschauung konnte nicht darauf hoffen, das «Goldene Zeitalter» noch einmal aufleben zu lassen, denn ohne den kollektiven Machtegoismus der Perikleischen Zeit war eine Rückeroberung der Zentrumsposition nicht denkbar. Und Sokrates' Wendung zum Individuellen mußte ein Abnehmen der politischen Stoßkraft folgen. Dennoch waren Athens Leistungen in dem Jahrhundert, das auf den Krieg folgte, wenn auch weniger prächtig, so doch nicht minder erstaunlich. Mit Plato (427—347) und Aristoteles (384—322) brachte die Stadt zwei der außergewöhnlichsten Denker hervor, die je gelebt haben. Die Philosophien Platos und Aristoteles' wurden weitgehend zur Grundlage der Philosophie des Abendlandes. Das Athen des 4. Jahrhunderts v. Chr. erhob auch die Rhetorik zu einer Kunst. Die Redner verliehen ihren Vorträgen die Brillanz und den Stil, die in früherer Zeit dem Drama und der Dichtung vorbehalten gewesen waren.

Die neue Philosophie. Sokrates war der erste griechische Verfechter einer Moral, die nicht auf den Anforderungen der Gesellschaft beruhte, sondern durch das Gewissen des einzelnen bestimmt wurde. Er lehrte durch unbarmherziges Fragen. Mitleidloses Untersuchen und Skeptizismus sind die Grundlagen der sokratischen Methode, eine Verbindung, die Sokrates' Streben nach Wahrheit vielleicht zum Scheitern verurteilt hat. Denn wenn nichts als wahr gelten kann, wie kann man dann die Wahrheit finden? Dennoch steht die Redlichkeit seiner Absichten außer Frage.

Generationen galt dieses Standbild der Aphrodite, nach dem Fundort, Melos, auch «Venus von Milo» genannt, als Verkörperung höchster weiblicher Schönheit. Weniger als in anderen Kunstformen ist in der Bildhauerei der Einschnitt des Poloponnesischen Krieges spürbar.

Die Theorien seiner Zeit von Macht und Zweckdienlichkeit lehnte er grundsätzlich ab; er war nicht von persönlichem Ehrgeiz besessen, weigerte sich, Geld für seine Lehrtätigkeit anzunehmen, und bemühte sich, sein Leben aufs bescheidenste einzurichten.

Sokrates' erbarmungslos geführtes Untersuchen überkommener Athener Anschauungen mag dazu beigetragen haben, die ehemalige Selbstsicherheit der Stadt zu untergraben. Eine Gruppe der Athener Bevölkerung faßte sein Wirken so auf und fühlte, daß seine Lehren gefährlich waren. 399 v. Chr. wurde er vor ein Gericht gestellt. Man klagte ihn an, fremde Götter eingeführt zu haben und die Jugend zu verderben. Durch Widerruf seiner Lehren oder das Eingeständnis, im Unrecht zu sein, hätte Sokrates sich retten können. Aber er weigerte sich. Statt dessen machte er sich seine Richter zu Gegnern, indem er seine Handlungen in einer Rede verteidigte, die diese als anmaßend betrachteten:

> *Athener, ich bin weit davon entfernt, um meiner selbst willen mich zu verteidigen, ... sondern um euretwillen, damit ihr nicht gegen des Gottes Gabe an euch etwas sündigt durch meine Verurteilung. Denn wenn ihr mich hinrichtet, werdet ihr nicht leicht einen andern solchen finden, der ordentlich, sollte es auch lächerlich gesagt scheinen, von dem Gotte der Stadt beigegeben ist, wie einem großen und edlen Rosse, das aber eben seiner Größe wegen zur Trägheit neigt und der Anreizung durch einen Sporn bedarf, wie mich der Gott dem Staat als einen solchen zugelegt zu haben scheint, der ich euch einzeln anzuregen, zu überreden und zu verweisen den ganzen Tag nicht aufhöre, überall euch anliegend. Ein anderer solcher nun wird euch nicht leicht wieder werden, ihr Männer. Wenn ihr also mir folgen wollt, werdet ihr meiner schonen.*

Man verurteilte ihn zum Tode durch den Schierlingsbecher. Als das Gift zu wirken begann, saß Sokrates inmitten einer Gruppe von Freunden, mit denen er sich ruhig unterhielt. Das Gespräch wurde von seinem Schüler Plato aufgezeichnet, der Sokrates als den «weisesten, gerechtesten und besten Mann» pries, der je gelebt habe, Heiliger und Märtyrer zugleich. Plato schrieb alles nieder, was er von Sokrates' Lehren im Gedächtnis behalten hatte (Sokrates selbst hat nie eine einzige Zeile geschrieben). Sein eigenes langes und produktives Leben war geprägt durch Sokrates' Leidenschaft zur Wahrheit, seine zu keinem Vergleich bereite Moralität und seinen Glauben, daß «ein Leben ohne Forschen nicht wert sei, gelebt zu werden».

Plato. Als Sokrates starb, war Plato fast dreißig Jahre alt und schien für eine Karriere im öffentlichen Leben prädestiniert. Er entstammte einer Athener Adelsfamilie und hatte eine gründliche Ausbildung in der Musik,

Der Spartaner, der durch das Leben in einer militärischen Gemeinschaft an strenge Disziplin gewöhnt war, galt als der beste Infanterist seiner Zeit. Aber die starren Grundsätze führten schließlich zu Spartas Schwächung. Nach und nach nahm die Zahl der Krieger ab, und da die Stadt sich weigerte, neue Soldaten einzustellen, sank Sparta aus seiner Machtstellung zu Bedeutungslosigkeit herab.

Die Kinder der Griechen wuchsen in einer interessanten Welt auf – wenn sie die ersten 14 Tage überlebten. In den ersten Tagen nach der Geburt konnte der Vater das Kind beobachten, und fand er es verunstaltet oder schwächlich, so konnte er es an einem öffentlichen Platz aussetzen lassen. Falls das Kind akzeptiert wurde, blieb es die ersten fünf Jahre zu Hause. Uns ist eine ganze Anzahl von Spielzeugen bekannt, mit dem sich die griechischen Kinder beschäftigten: Mit Kieseln gefüllte Terrakottarasseln für die Säuglinge; kleine Karren, die die Kinder hinter sich herzogen (unser Bild/Ausschnitt aus einem Vasenbild); für etwas ältere Kinder gab es Wippen, Drachen, Bälle und alle Arten von Spielen. Nach ihrem sechsten Geburtstag wurden Knaben und Mädchen voneinander getrennt. Die Mädchen blieben im Hause bei der Mutter. Die Knaben wurden in die Schule geschickt, um zu Männern erzogen zu werden.

Zum Spielzeug der Jungen gehörten Terrakottafiguren wie die hier abgebildete (links). Zum Spielzeug der Mädchen gehörten vor allem Puppen wie die rechts gezeigte. Damit vergnügten sie sich oft bis zum Tage ihrer Hochzeit (im Alter von 14 Jahren).

der Mathematik und der Literatur genossen. Der Tod seines Lehrers erschütterte ihn und veränderte den Lauf seines Lebens. Für eine gewisse Zeit verließ er Athen und bereiste andere Länder. Als er um 385 v. Chr. in seine Geburtsstadt zurückkehrte, gründete er in dem Akademos genannten Garten eine Schule – die «Akademie» –, wo er bis zu seinem Tode im Jahre 347 v. Chr. lehrte.

Wie viele Gebildete seiner Zeit war Plato stark an der Mathematik, speziell an der Geometrie, interessiert. Er glaubte, die Mathematik sei die Grundlage eines jeden Denksystems, und liebte es, sich selbst als Mathematiker zu bezeichnen. Tatsächlich war er sehr viel mehr als das, so viel mehr, daß es schwierig ist, ihn einem bestimmten Wissenschaftszweig eindeutig zuzuordnen. Plato entnahm seine mathematischen Ideen den Schriften der Pythagoreer, Nachfolger des Philosophen, der im 6. Jahrhundert v. Chr. den Pythagoreischen Lehrsatz aufstellte, den heute jedes Schulkind kennt. Pythagoras' Untersuchungen hatten sich mit mathematischen Systemen und der mystischen Bedeutung von Zahlen beschäftigt. Er war zu der Überzeugung gekommen, daß dem Aufbau des Universums bestimmte Zahlenverhältnisse zugrunde liegen. Diese schwer verständlichen Ideen entlehnte Plato und übertrug sie in sein eigenes philosophisches System.

Dialog als Methode des Philosophierens. Plato wählte für die Darstellung seiner Philosophie die Form des geschriebenen Dialogs. In jedem dieser Dialoge diskutiert eine Gruppe von Leuten ein Problem von weitreichender Bedeutung. Die Diskussionen wirken immer natürlich und werden im Umgangston geführt. Tatsächlich aber liegt ihnen ein geschickt verborgener Entwurf zugrunde. Oft ist Sokrates die Hauptperson und handelt in diesen Dialogen, wie er im Leben gehandelt haben könnte. Plato unterzieht gewisse Ideen einer eingehenden Analyse, deckt Brüche und Fehler in der Beweisführung seiner Kollegen auf und versetzt seine Widersacher schließlich in einen Zustand der Hilflosigkeit – das aber immer und ausschließlich mit dem Ziel, die Wahrheit zu finden. In einem dieser Dialoge läßt Plato Sakrates eine Person namens Laches über das Wesen der Tapferkeit befragen:

Sokrates: ... das nämlich weiß ich doch, daß du die Tapferkeit unter die vortrefflichen Dinge rechnest.
Laches: Davon halte dich überzeugt, unter die allervortrefflichsten.
Sokrates: Also ist die Beharrlichkeit mit Verstand wohl gut und vortrefflich?
Laches: Allerdings.
Sokrates: Wie aber die mit Unverstand? Ist diese nicht im Gegensatz zu jener schädlich und verderblich?
Laches: Ja.
Sokrates: Aber einen im Kriege Beharrlichen und zum Streite Mut Behaltenden, welcher es verständig berechnete, weil er wüßte, daß nicht nur andere ihm zu Hilfe kommen werden, sondern auch, daß er gegen Wenigere und Schlechtere zu fechten hat als die, zu denen er selbst gehört, und überdies noch mehr durch seinen Standort begünstigt ist: würdest du diesen ... für tapferer erklären oder den, der in dem entgegenstehenden Heere noch Lust hätte, standzuhalten und auszudauern?
Laches: Mich dünkt, den im entgegenstehenden Lager.
Sokrates: Aber dessen Beharrlichkeit ist ja doch unverständlicher als die des anderen?
Laches: Das ist wahr.

Es ist unmöglich, daß die *Dialoge* tatsächliche Aufzeichnungen der von Sokrates geführten Unterhaltungen sind, zweifelsohne aber sind sie eine Weiterführung seiner Ideen und Methoden. Die Aussage der frühen *Dialoge* ist darüber hinaus unbezweifelbar sokratisch. Später, als Plato begann, eigene Ideen zu formulieren, bediente er sich weiterhin der Dialogform und behielt auch Sokrates als Wortführer bei. Es ist bezeichnend für Plato, daß er seine Gedanken in dieser indirekten Form wiedergab. Er tat es aus gutem Grund. Plato glaubte, daß die Wahrheit nur durch unausgesetztes Forschen gefunden werden kann und nie als Dogma dargeboten werden sollte. In ihrer behutsamen, sorgfältig geführten Art, philosophische Probleme von mehr als nur einem Standpunkt aus zu untersuchen, dramatisieren die *Dialoge* die Suche nach der Wahrheit und zeigen auf, wie beschwerlich es ist, die Wahrheit zu finden. Darüber hinaus sollen die *Dialoge* ein anderes Suchen veranschaulichen: die Selbstbefragung, die in einem Menschen vorgeht, wenn er von großen und grundlegenden Fragen bewegt wird. Es ist möglich, daß Plato diese so menschliche, lebensnahe und dramatische Dialogform als Ventil für seine eigenen inneren Kämpfe benutzt hat, indem er diese Kämpfe in ein literarisches Drama verwandelte, in dem die Ideen die bedeutenden Ereignisse abgeben.

Die Dialogform ermöglichte es Plato ebenfalls, nicht nur seiner tatsächlichen Philosophie, sondern auch seiner philosophischen Haltung Ausdruck zu verleihen – das heißt, neben der Summe der Ideen auch die Methode darzustellen, zu diesen Ideen zu gelangen. Plato, der sich ganz dieser Suche nach Wahrheit hingab, mag geglaubt haben, daß die Methode das Wichtigere von beiden sei, aber ihrem Umfang und ihrem Gehalt nach stellt seine tatsächliche Philosophie eine für einen einzelnen erstaunliche Leistung dar. Im Verlauf seines langen Lebens hat Plato viele seiner Ideen weiter ausgebaut und einer Kritik unterzogen, aber von Anfang an war seine philosophische Lehre ein stimmiges, streng durchgeformtes Densystem.

Platos Staatsphilosophie. Plato stand seiner eigenen Zeit ablehnend gegenüber. Es lag ihm fern, das Perikleische Athen wieder aufleben zu lassen. Die Leistungen von Männern wie Miltiades, Themistokles oder Perikles bedeuteten ihm nichts; sie hatten «die Stadt mit Häfen und Werften und Wällen und Steuern angefüllt, statt die Menschen zu Rechtschaffenheit und Enthaltsamkeit zu erzielen». Sogar die politischen Anschauungen dieser Männer schienen ihm falsch, denn er glaubte nicht an politische Freiheit, sondern an Ordnung. In seinem *Staat*, und später in seinen *Gesetzen*, legte er seine Auffassung davon, was ein Staat zu sein habe, nieder. Er glaubte an eine Regierung durch einige wenige Weise, Männer, die speziell auf diese Aufgabe vorbereitet worden waren, eine geistige und moralische Elite. Diese «Philosophenkönige» sollten von ihrer Kindheit an bis zu ihrem 35. Lebensjahr erzogen werden. In diesem Alter wären sie dann reif, den Staat zu regieren. Plato beschrieb diese ideale Erziehung bis ins einzelne und ging dann dazu über, die Gesetze und die Verwaltungsstruktur des idealen Staates aufzuschreiben.

Die Ideenlehre. Diese politischen Anschauungen beruhten auf einer Philosophie, die zugleich durchdringend und allumfassend war. Wie andere Mathematiker seiner Zeit glaubte Plato, daß alle Materie, wie vielfältig sie dem Auge auch immer erscheinen mochte, durch einige wenige grundlegende Gesetze bestimmt sei. Die von den Sinnen wahrgenommene Vielfalt der Dinge – behauptete Plato – sei nur «Erscheinungsbild»; die Realität, die «wirkliche» Welt, sei eine Welt der Urformen oder Ideen. Die Urform oder die Idee eines Dinges sei es, was ihm Bedeutung und Substanz verleihe. Diese Welt der Urformen müsse durch Kontemplation gesucht werden, obgleich sie manchmal auch intuitiv erkannt werden könne. In jedem Fall jedoch sei es bedeutender als die Welt der Sinne, der die Griechen so großen Wert beimaßen. Plato griff die schönen Künste an. Er glaubte, sie seien zu weit entfernt von der Welt der Ideen. Obgleich er selbst ein Meister des Wortes war, der mehr als ihm lieb für Dichtung empfänglich war, wollte Plato die Dichtung in seinem idealen Staat ausgeschlossen wissen, weil sie nur mangelhaften Zugang zur Realität gewähre.

Morallehre Platos. Während er die Sinne als eine Quelle der Wahrheitsfindung verwarf, glaubte Plato, daß es vieles gäbe, das außerhalb des Bereichs rationaler Beweisführung läge. Er beteuerte beharrlich, daß in den alten Geschichten über Belohnung und Bestrafung nach dem Tode für im Leben begangene Taten Wahrheit stecke, und machte Belohnung und Strafe zu Eckpfeilern seines Moralsystems. Dadurch wird seine rationale Philosophie durch eine mystische Sinngebung aus einer anderen Welt abgesichert. Plato selbst verknüpfte diese Glaubenssätze mit einem Monotheismus. Er bestand nicht darauf, daß auch andere diesem Monotheismus anhängen sollten, glaubte jedoch, daß ein religiöses Leben eine notwendige Voraussetzung für Moral und Gesetz sei.

Platos Naturphilosophie. Platos Stärke liegt in dem Verschmelzen von Mystik und Logik. Hat man einmal seine Voraussetzungen akzeptiert, so scheint alles aus ihnen zu folgen. Und dennoch führt diese Methode die Voraussetzungen macht und daraus Schlußfolgerungen ableitet, eine Methode, die in der Mathematik durchaus gerechtfertigt ist, zu Fehlern, wenn man sie auf die Natur anwendet. Als Plato aufzuzeigen begann, daß

Auf die goldenen Jahre der Kindheit folgte eine strenge Erziehung. Plato hat die Worte des Protagoras aufgezeichnet: «Die Mutter und das Kindermädchen, der Vater und der Lehrer wetteifern miteinander um die Ausbildung des Kindes, sobald es überhaupt nur imstande ist, zu verstehen, was man ihm sagt ... Wenn es gehorcht, dann ist es gut; wenn nicht, wird es durch Drohungen und Schläge ausgerichtet wie ein Stück Holz, das sich gebogen oder verzogen hat.» Von ihrem siebten bis zum achtzehnten Lebensjahr besuchten die Jungen Privatschulen, oft unter der Aufsicht eines Sklaven. Der Unterricht, der manchmal im Freien abgehalten wurde, fand täglich statt. – Das Bild zeigt Lehrer und Schüler beim Schreibunterricht. Bis auf wenige Ausnahmen waren Lehrer schlecht bezahlte und wenig geachtete Menschen. Die wandernden Rhetorik-Lehrer dagegen, wie zum Beispiel viele Sophisten, lebten recht gut.

auch die Natur gewissen Gesetzmäßigkeiten unterliegt, versetzte er der Wissenschaft einen grausamen Hieb. Für Plato waren die Naturgesetze gottgegeben. Gott war der große Urheber. Die gegenständliche Welt kann somit nicht durch Betrachtung, sondern nur durch Nachsinnen darüber erklärt werden, warum Gott sie so angelegt hat. Damit verwarf Plato die Notwendigkeit von Beobachtung und Experiment, die die Grundlage der Naturwissenschaft bilden. Indem er alle Leistungen aus der Vergangenheit Athens verwarf, erkannte er auch die wissenschaftlichen Erfolge der Stadt nicht an.

Die Rolle Platos in der Philosophiegeschichte und in der griechischen Tradition. Platos Hauptschlußfolgerungen scheinen letztlich falsch. Nicht nur, daß es unmöglich war, seinen idealen Staat zu realisieren — das war ihm bekannt —, der Staat beruhte außerdem auf Postulaten, die der Natur des Menschen zuwiderlaufen. Der Zusammenbruch Athens hatte Plato so sehr beunruhigt, daß er selbst der Tätigkeit des Geistes eine straffe Ordnung auferlegen wollte, und damit übertrieb er die Ordnung.

Sein philosophisches System und seine herrliche Sprache lassen Plato als einen der genialsten Menschen überhaupt erscheinen. Nichts lag außerhalb der Reichweite seines scharfsinnigen, urteilsfähigen Intellekts. Dennoch verkörperte er den Gegensatz zu nahezu alldem, was Griechenland groß gemacht hatte. Er glaubte, daß Handeln weniger wichtig sei als Denken, daß persönlicher Erfolg in sich selbst keinen Wert berge, daß politische Freiheit ein phantasievolles Wort für Unordnung sei. Er lenkte die Aufmerksamkeit der Menschen weg von der Welt der Sinne und einem Leben der Tat zu einer transzendenten, unsichtbaren, abstrakten Welt. Das war in der Tat eine Revolution.

Aristoteles. Aristoteles, der 17jährig von Stageiros in Mazedonien nach Athen gekommen war, um an Platos Akademie zu studieren, setzte das Werk seines Lehrers fort, wobei er ihn oft kritisierte, ja ihm sogar widersprach. Dem Umfang nach ist sein Werk sogar noch größer als das Platos, obgleich genaugenommen nicht alles von ihm stammt. Einige seiner Schriften sind unter seiner Anleitung von seinen Assistenten verfaßt worden. Jedoch jedes Schriftstück, das unter seinem Namen veröffentlicht wurde, trägt bis in die literarischen Merkmale den Stempel seiner Persönlichkeit. Im Gegensatz zu Platos eleganten Dialogen erscheinen Aristoteles' Schriften in der Form wohldurchdachter Abhandlungen, in denen die Belange des Stils und des Ausdrucks der Klarheit und Gedrängtheit des Gedankens geopfert werden.

Das umfassende System des Aristoteles. Zu Recht nannte der Dichter Dante (1265—1321) Aristoteles den «Meister derer, die wissen». Nahe-

Eine Illustration aus dem griechischen Alltag: Ein junger Angler wartet gespannt den rechten Moment ab, um den Fisch herauszuziehen. Sportliche Betätigung wie diese gehörte zum Erziehungsprogramm in Athen.

zu kein Wissensgebiet scheint ihm fremd gewesen zu sein. Den Ausgangspunkt seines Forschens bildet stets die Erfahrung. Obgleich er sich mit Problemen der verschiedensten Wissensgebiete beschäftigte, behandelte er sie stets aus naturwissenschaftlicher Sicht. Wenn Plato im Grunde genommen Mathematiker war, so war Aristoteles in erster Linie Biologe. Plato verwarf die Sinne als unzuverlässig; Aristoteles hielt sie für eine der wichtigsten Quellen der Erkenntnis und für das Mittel, die der gegenständlichen Welt zugrunde liegenden Gesetze zu erkennen.

Aristoteles hat das Wissen seiner Zeit maßgeblich bereichert. Er untersuchte die biologische Struktur lebender Dinge und entwarf ein System zur Klassifizierung aller Pflanzen- und Tierarten. Später versuchte er auf ähnliche Weise, andere Phänomene zu erfassen, so etwa das Wetter, die Metaphysik und die Logik, die menschliche Gesellschaft und menschliche Verhaltensweisen, ja sogar die Wortkunst in Rhetorik und Dichtung. Immer sammelte er zunächst das Material und ordnete es; dann traf er Unterscheidungen und stellte Klassen zusammen; schließlich ging er zu allgemeinen Schlußfolgerungen über, die immer ausgewogen, verständlich und durch Belege gestützt waren. Er glaubte an das Experiment und die Theorie. Sein Gesamtwerk ist von einem so kühlen und ausgewogenen Wirklichkeitssinn beseelt, daß es oft unmöglich erscheint, sich eine andere Methode als die des Aristoteles vorzustellen.

Aristoteles' Ethik. Bei der Untersuchung menschlicher Gesellschaftsformen verwarf Aristoteles die jüngste Vergangenheit Athens nicht. Um herauszufinden, was daran gut und was daran schlecht war, analysierte er das Wesen politischer Verfassungen, wobei er sowohl die Stärken als auch die Schwächen der verschiedenen Systeme beschrieb. Er war von tiefer Menschlichkeit, ein Zug, der in seinen naturwissenschaftlichen Schriften nicht immer deutlich wird, aber in seiner *Ethik* voll zum Ausdruck kommt. In dieser Abhandlung verbindet Aristoteles seine eigene hohe Auffassung von einem rechten Leben mit dem von Sokrates eingeführten Begriff einer individuellen Moral und den geistigen Tugenden, die Plato in den Vordergrund gerückt hatte. Für Aristoteles war Glückseligkeit, aber nicht notwendigerweise Vergnügen, das Ziel allen Handelns. Glückseligkeit erwuchs aus der vollen Anwendung der wesentlichen Anlagen. Bei der Bestimmung dieses Zieles offenbarte er seine größte Stärke als Philosoph: seine Toleranz und seine Weisheit, das Fehlen ärgerlicher oder absurder Vorurteile. Der Moderne hat er den Begriff von einem einzigen Kosmos hinterlassen, der das Sein in seiner Ganzheit umfaßt, von den Verhaltensweisen der Tiere bis zu den Regeln des fehlerfreien Denkens, ein Kosmos, der denjenigen, der Fragen stellt, mit der Gewißheit belohnt, daß diese Welt letztlich verständlich und sowohl menschlich als auch göttlich ist.

Die Nachwirkung platonischer und aristotelischer Philosophie. Der von Plato und Aristoteles ausgegangene Einfluß ist unermeßlich. Man hat gesagt, daß einige Menschen geborene Platoniker, andere geborene Aristoteliker sind: das bedeutet, daß es in jedem Jahrhundert Menschen gibt, die einem Denksystem anhängen, in dem alles durch strenge Logik aus abstrakten Prinzipien hergeleitet wird, wohingegen andere eine Methode bevorzugen, bei der alles bis ins einzelne untersucht wird, bevor behutsam Schlußfolgerungen gezogen werden. Plato ist immer ein Philosoph der Mystik und politischer Wegweiser derer gewesen, die sich für Einheit und Ordnung eingesetzt haben. Er lieferte die Grundlagen einer Philosophie, die einige Jahrhunderte lang in verschiedenen Formen das religiöse Den-

Bei Gastmählern in Athen richteten die Gäste ihr Hauptaugenmerk auf das Essen; die geistsprühende Unterhaltung war ein Kennzeichen des Symposion, des Trinkgelages, das auf das Essen folgte. Der bedeutendste Mann eines Symposion war der Symposiarch. Er wurde durch das Los oder den Würfel bestimmt und kümmerte sich um alles. Er entschied, in welchem Verhältnis Wein und Wasser gemischt werden sollten, rief die Unterhalter auf und bestimmte die Gäste, die zur Belustigung der Anwesenden beitragen sollten. Wir kennen aus Platos Schilderungen Gastmähler, an denen Sokrates teilnahm. War er Symposiarch, dann stellte er den Gästen Denkaufgaben oder verwickelte sie in Streitgespräche. Solche Form der Unterhaltung dürfte allerdings kaum die Norm gewesen sein. – Das Bild zeigt zwei Zecher, die einer Flötenspielerin zuhören. Gemeinhin nahmen Frauen nur als Schauspielerinnen oder Tänzerinnen zur Belustigung der Männer an solchen Festen teil.

ken beeinflußt hat, um schließlich im Christentum aufzugehen, wo sie immer noch einen Einfluß ausübt. In verfälschter Form üben auch seine politischen Anschauungen, die auf Umwegen auf moderne autoritäre Denker übergegangen sind, noch einen Einfluß aus. Aristoteles formulierte die Prinzipien, nach denen jahrhundertelang in der Wissenschaft gearbeitet wurde. Als diese Prinzipien in Europa in Vergessenheit gerieten, wurden sie in der arabischen Welt bewahrt. Im 13. Jahrhundert n. Chr. kamen sie durch arabische Gelehrte in Nordafrika, Sizilien und Spanien in den Westen zurück, wo sie die Grundlage für ein Wiederaufleben der Wissenschaft in der Neuzeit bildeten.

Philosophie und Politik. Praktikable tagespolitische Vorschläge hat weder Plato noch Aristoteles gemacht. Keiner von beiden sah einen Ausweg aus dem politischen Durcheinander, das der Peloponnesische Krieg in Griechenland zurückgelassen hatte; keiner von beiden interessierte sich für die Einigung der griechischen Staaten; beide setzten voraus, daß der Stadtstaat das einzig mögliche Zentrum eines zivilisierten hellenischen Lebens sein konnte. In den ersten Jahren des 4. Jahrhunderts v. Chr. hatte der Grieche Dionysios von Syrakus in Sizilien und Süditalien ein ansehnliches Reich aufgebaut. Diese Leistung beeindruckte keinen der beiden Philosophen. Das Reich des Dionysios zerfiel kurz nach dessen Tod, und Plato und Aristoteles mögen es für ein überspanntes und widernatürliches Unternehmen gehalten haben, das sich nie hätte behaupten können. Gegen Mitte des 4. Jahrhunderts v. Chr. jedoch begann sich die Lage allmählich zu wandeln, zwar nicht im eigentlichen Griechenland, aber an seiner Nordgrenze — in Mazedonien.

Philipp II. von Mazedonien. Mazedonien stand in einem etwas zwiespältigen Verhältnis zur griechischen Welt. Seine Könige, die zwar von griechischer Herkunft waren, trachteten danach, Griechen im vollsten Sinne zu sein. Sie herrschten über eine Bevölkerung verschiedenster Herkunft. Ihre Herrschaft war despotisch, nicht demokratisch. Während der Perserkriege hatten die Mazedonier gegen die Griechen gekämpft. Seither waren ihre Beiträge zur griechischen Kultur unerheblich gewesen. 359 v. Chr. bestieg Philipp II. (382—336) den mazedonischen Thron. Er begann damit, seinen Einfluß auf die entlegeneren Bezirke Mazedoniens auszuweiten, und wandte sich dann nach Süden gegen Thessalien und nach Osten gegen Thrakien.

Durch den Abbau der Minen von Pangaion in Thrakien, die ihm jährlich tausend Talente in Gold eintrugen, sammelte Philipp genügend Geldmittel an, um ein Heer aufzubauen, das ihn zum führenden Militärkommandanten seiner Zeit machte. Es war ein Berufsheer, das in der neuen Phalanxformation ausgebildet war. Eine Phalanx war ein fester und dennoch beweglicher, manchmal 16 Reihen tiefer Block von Soldaten, die sich in fester Ordnung voranbewegten und mit $4^1/_2$ Meter langen Stoßlanzen bewaffnet waren. Philipps diplomatisches Geschick war nicht weniger ausgeprägt als sein militärisches Talent. Er säte Zwietracht unter den griechischen Staaten, und während sie einander bekämpften, vergrößerte er seine Streitmächte und dehnte seinen Herrschaftsbereich aus.

Philipp auf dem Vormarsch. Im Jahre 352 v. Chr. war er bis an die Thermopylen vorgedrungen und schickte sich an, gegen Delphi zu marschieren, das mit seinem Heiligtum Zentrum des religiösen Lebens in Griechenland war. Sofern die Griechen überhaupt nach einem Führer

Betrunken kommt der Ehemann vom Gastmahl nach Hause. Eine Familienszene, die nicht allzu selten war.

gegen diese neue Bedrohung Ausschau hielten, sahen sie auf Athen. Aber die Haltung Athens gegenüber Philipp war gespalten. Die Athener Politik wurde mit viel Talent und Beredsamkeit von einer neuen Generation von Rednern diskutiert, die mit dem gleichen Können und der gleichen Gewandtheit Reden schrieben, mit der eine frühere Generation Dichtung hervorgebracht hatte. Eine von Isokrates (436–338) geführte Gruppe war der Meinung, daß die wahre Bedrohung Athens von den Persern ausginge, die sich jenseits der Ägäis immer noch sporadisch regten. 346 v. Chr. wandte sich Isokrates an Philipp und ersuchte ihn, die Griechen zu einen

Zum Bild auf den beiden folgenden Seiten:
In einem Schlachterladen hilft ein Junge beim Zerteilen eines Stückes Rindfleisch. Fleisch war für die meisten Athener ein Luxus, den sie sich nur an Festtagen leisteten.

und die Offensive gegen Persien zu ergreifen. Aber in einem Wortgefecht in der Volksversammlung unterlag er einem Meister der Redekunst, Demosthenes (384—322), dem größten aller griechischen Redner.

Widerstand und Niederlage Athens. Demosthenes war humorlos und schwerfällig im Umgang, verfügte aber über außerordentliche rednerische Kraft. Er ersuchte seine Mitbürger, dem Tyrannen, der sie zu überwältigen drohte, Widerstand zu leisten, und inszenierte ein mächtiges Verfahren gegen Philipp, in dem er jeden Punkt mit unbarmherzigem Nachdruck unterstrich. Demosthenes mag das Verständnis für die Sendung Athens, das Perikles ausgezeichnet hatte, abgegangen sein, aber er wog diesen Mangel auf durch seine glühende Liebe zu seiner Stadt. Er wandte alle seine Mittel zur Beweisführung und Überredung auf, um die Athener zu bewegen, um ihre Freiheit zu kämpfen. In seiner ersten Attacke gegen Philipp, der ersten «Philippika», beschwört er die Athener:

> *Ihr seht, ihr Männer Athens, die wirkliche Sachlage, wie weit es mit der Frechheit dieses Menschen gekommen ist, der euch nicht einmal die Wahl läßt, ob ihr handeln oder Ruhe halten wollt, sondern droht und . . . übermütige Reden führt, und selbst nicht imstande ist, zufrieden mit dem Besitze dessen, was er erobert hat, zu ruhen, sondern immer weiter um sich greift, und während ihr zaudernd und stille sitzt, euch überall und von allen Seiten umgarnt. Wann denn also, ihr Männer Athens, wann werdet ihr eure Pflicht tun? «Wenn die Not eintritt». Wie soll man denn aber nennen, was jetzt geschieht? Ich wenigstens glaube, daß es für freie Männer keine größere Not gebe als die Scham über ihr Tun.*

Bis zu einem gewissen Punkt war Demosthenes' Einschätzung der Absichten Philipps fehlerlos. Philipps großen Plan konnte er nicht durchschauen, aber er sah seine Schritte voraus und gab sorgfältig durchdachte, praktische Ratschläge, wie man Philipp entgegenwirken könnte. Indem er konstant und beredt auf die Gefahr hinwies, brachte er seine Mitbürger dazu, Philipp zu bekämpfen und überredete Theben, sich Athen anzuschließen. Aber im Sommer 338 v. Chr. wurden die verbündeten Streitmächte bei Chaironäa in Böotien vernichtend geschlagen. Nach diesem Sieg berief Philipp einen Kongreß aller griechischen Staaten in Korinth ein und schloß die meisten unter seiner militärischen Führung im Korinthischen Bund zusammen.

Die «Einigung» Griechenlands. In den auf diesen kurzen Krieg folgenden Friedensverträgen verfuhr Philipp streng mit Theben, aber großmütig mit Athen. Zweifelsohne war ein Teil dieses Großmuts gefühlsbedingt. Philipp, ein zweifelhafter Fremder von den halbbarbarischen Grenzen der zivilisierten griechischen Welt, betrachtete Athen als das Zentrum des Hellenentums und empfand aufrichtige Hochachtung vor seiner Kultur. Obgleich keine Zweifel an seinem Talent zur Intrige und Bestechung bestehen, muß man dennoch sagen, daß die Nachwelt Philipp nicht immer gerecht geworden ist. Sie hat ihn weitgehend durch die Augen von Männern wie Memosthenes gesehen, die ihn fürchteten und haßten und ihre ganze Beredsamkeit aufboten, um ihn zu diffamieren. Man muß Demosthenes für seinen Patriotismus bewundern und ihn als den tapferen Führer einer verlorenen Sache schätzen, aber es ist offenkundig, daß das System, das er zu verewigen trachtete, sich überlebt hatte und dazu bestimmt war, in einem größeren System aufzugehen.

Philipp erkannte, und mit ihm einige andere, daß Griechenland für eine politische Einigung reif war. Er vertraute darauf, daß er, und nur er, in der Lage war, die griechischen Staaten zu einen. Und er hatte Erfolg. Er erreichte, was man bis dahin bestenfalls in der Form eines lockeren Bündnisses für möglich gehalten hatte. Nach der Einigung Griechenlands bereitete er ein noch größeres Unternehmen vor – die Eroberung Persiens. Aber als er alle Vorbereitungen zum Feldzug abgeschlossen hatte, wurde er 336 v. Chr. bei einem Fest anläßlich der Hochzeit einer seiner Töchter ermordet. Der Mörder ist möglicherweise ein Agent der Perser gewesen. Auch seine erste Frau Olympias (um 375–316) wird mit dem Mord in Verbindung gebracht. Auf jeden Fall jedoch folgte Olympias' Sohn Alexander (356–323) seinem Vater auf dem Thron. Wie sich herausstellen sollte, übertraf Alexander seinen bemerkenswerten Vater noch an militärischem Talent, diplomatischem Geschick und Ehrgeiz.

8. Alexander der Große

Alexander trat ein eindrucksvolles Erbe an. Unter Philipps Herrschaft war Griechenland politisch sehr viel stabiler geworden als je zuvor. Mit Erfolg hatte er alle Stadtstaaten, außer Sparta, im Korinthischen Bund zusammengeschlossen. Den Mitgliedern des Bundes hatte er in kluger Voraussicht weitgehend ihre Autonomie belassen. Nur in wenigen griechischen Staaten befanden sich mazedonische Einheiten. Tribute wurden nicht erhoben. Nur zwei Bedingungen hatte Philipp gestellt: die Staaten mußten sich verpflichten, sich untereinander nicht zu bekriegen und die Regierung, die zur Zeit der Unterzeichnung des Friedensvertrages an der Macht war, nicht zu stürzen. In seiner Jugend war Philipp als Geisel nach Theben geschickt worden und hatte gelernt, die Griechen zu bewundern. Er sehnte sich danach, Hellene zu sein, die Hellenen zu führen, und sein eigenes Volk zu einem hellenischen zu machen.

Aber noch in dieser Form fiel es den Griechen, denen die persönliche Freiheit oberstes Gebot war, schwer, Philipps Herrschaft hinzunehmen. Wie wünschenswert eine politische Stabilität auch immer sein mochte, sie rechtfertigte dennoch nicht den Verlust des Rechts, die eigenen Angelegenheiten selbst zu verwalten. Folglich konnten die Griechen auch niemals echte Sympathie für das Ziel des Erben Philipps empfinden. Alexander träumte davon, die ganze Welt zu einem Bund zusammenzuschließen — und er kam der Verwirklichung dieses Traumes unglaublich nahe. Der Erfolg war greifbar nahe und führte dann ironischerweise zum endgültigen Untergang des Landes, das er und sein Vater als ihre kulturelle Heimat betrachtet hatten.

Der Mann Alexander. Als Alexander 20jährig den Thron bestieg, war die mazedonische Macht fest begründet. Philipps Expansionspolitik war so gut entwickelt, daß der junge König mit dem Traum von einer geeinten Welt nur dort fortzufahren brauchte, wo sein Vater aufgehört hatte. Er tat es auf seine Art. Wenn Alexander auch von seinem Vater den Ehrgeiz und das Talent zur Organisation geerbt hatte, war er dennoch eine ganz andere Persönlichkeit. Philipp war ein geduldiger, vorsichtiger, manchmal

Alexander der Große führt einen Angriff gegen die Perser. Der junge König war überall auf dem Schlachtfeld, um seine Truppen voranzutreiben. Er wurde in vielen Schlachten verwundet. Seine Beliebtheit resultierte nicht zuletzt aus seinem persönlichen Einsatz beim Kampf. Was er von seinen Soldaten verlangte, leistete er selbst ebenso.

sogar sonderlicher Mann gewesen; niemals hatte er ohne sorgfältige Planung zugeschlagen. Der jugendliche, eigenwillige Alexander liebte es, auftretende Schwierigkeiten durch sofortiges Handeln beizulegen. Seine spontanen Entscheidungen setzten ihn außergewöhnlichen Gefahren aus; aber mit Gewalt und Schwung überwand er alle Widerstände.

Sein Lieblingsbuch war die *Ilias.* Alexander betrachtete sich selbst als einen zweiten Achilles, und das nicht ganz zu Unrecht. Wenn es je ein Mann wert gewesen ist, neben die Helden der griechischen Sage gestellt zu werden, so war Alexander dieser Mann. An Gestalt, Stärke und Mut, in seiner unermüdlichen Beharrlichkeit und seinem unbeugsamen Willen, in seiner Freude am Kampf und seinem Selbstvertrauen, mit Gaben ausgestattet zu sein, die anderen Menschen versagt geblieben waren, kam er den Helden gleich. Seine Gefühlsstärke und seine Treue, seine zügellose Lebensfreude, sein Großmut gegenüber seinen Feinden und seine plötzlichen Ausbrüche wilder Leidenschaft waren nicht weniger heldenhaft. Und obgleich er sein Leben und die Fülle seiner Begabungen in den Dienst der Kriegführung stellte, löste er auch die durch seine militärischen Eroberungen aufgeworfenen politischen Probleme mit brillanter Originalität.

Aristoteles war der Lehrer Alexanders gewesen. Der Philosoph erfüllte seinen jungen Schüler mit einer Liebe zur griechischen Kunst und Dichtung und erweckte in ihm ein bleibendes Interesse an Philosophie und Wissenschaft. In seinem späteren Leben ließ Alexander sich auf seinen Feldzügen von Philosophen begleiten, um sich von ihnen in politischen Fragen beraten zu lassen. In seinem militärischen Gefolge waren Geographen, Botaniker, ein Mineraloge und ein Meteorologe. Von der Philosophie des Aristoteles blieb Alexander nahezu unbeeinflußt. Es ist paradox, daß der jugendliche Prinz aus einem halbbarbarischen Staat von einem politischen System träumte, das die ganze Welt umfaßte, während sein weiser und aufgeklärter Lehrer engstirnig die These vertrat, der Stadtstaat sei die höchste Einheit der Zivilisation.

Sicherung des Kernlandes. Im ersten Jahr nach seiner Thronbesteigung dehnte Alexander sein Reich im Norden bis an die Donau und im Westen bis an die Adria aus. Dann wandte er sich Griechenland zu, wo Theben und Athen den Bestand des Bundes gefährdeten. 335 v. Chr. schlug Alexander den Aufstand in Theben nieder. Um den Verrat zu sühnen, ließ er die Einwohner niedermetzeln oder als Sklaven verkaufen. Er ließ alle Gebäude dem Erdboden gleichmachen, ausgenommen die Tempel – und das Haus des Dichters Pindar. Pindar selbst war seit langem tot, aber Alexander verehrte ihn. Er wollte beweisen, daß sogar ein mazedonischer Eroberer ein Hellene sein konnte. Das grausame Vorgehen gegen Theben war nicht unbeachtet geblieben. Die Athener Volksversammlung beeilte sich, Alexander zu beglückwünschen, und die griechischen Staaten blieben, weiterhin mit Sparta als einziger Ausnahme, Verbündete Mazedoniens.

Alexander wandte sich nun einem Unternehmen zu, das Philipp geplant, aber nie durchgeführt hatte: der Invasion Persiens. Wohlbegründete politische Überlegungen brachten ihn zu diesem Entschluß. Ein Jahrhundert lang hatte Persien sich in zunehmendem Maße in griechische Angelegenheiten eingemischt und die griechischen Städte in Kleinasien unterdrückt. Immer noch bestand die Gefahr, daß es unter einem starken König zu einer ernsthaften Bedrohung werden und Griechenland von neuem angreifen würde. Auch persönliche Gründe veranlaßten Alexander zu diesem Schritt. Der junge König strebte nach Ruhm und Anerkennung in Griechenland.

Die Voraussetzungen für einen Angriff auf Persien. In gewisser Hinsicht war die Invasion ein tollkühnes Unterfangen. Sie erforderte eine riesige Armee, die ungeheuer weit von ihren Nachschubbasen entfernt, durch ein unbekanntes Land gegen eine Macht ziehen mußte, die unermeßlich reich war und über große Menschenmassen verfügte. Darüber hinaus wurde Persien durch eine patriotische Militärkaste regiert, die darauf bedacht war, ihren Mut im Kriege unter Beweis zu stellen. Die schämenidische Dynastie, der so ehrfurchterregende Persönlichkeiten wie Darius I. (550—486) und Xerxes (um 519—465) entstammten, hatte das Schicksal aller erblichen Gewaltherrschaften erlitten. Der derzeitige König Darius III. (um 380—330) war durch den Mord an seinem Vorgänger auf den Thron gekommen. Er war keine Führernatur, er war nicht einmal tapfer. Seine besten Feldherrn und Satrapen hätten vielleicht seine Schwächen ausgleichen können, aber die festgefügte Hierarchie des Reiches gab ihnen keine Gelegenheit dazu.

Alexander konnte außerdem auf Unterstützung aus einem anderen Lager zählen. Viele der dem Reich unterworfenen Völker fühlten sich nicht zu Treue den persischen Herrschern gegenüber verpflichtet. Es war unwahrscheinlich, daß sie einem angreifenden Heer Widerstand leisten würden. 401 v. Chr. hatte ein griechisches Söldnerheer demonstriert, wie leicht es für fremde Truppen war, durch Persien zu ziehen. Die Söldner standen im Dienst des rebellischen persischen Prinzen Kyros (um 423—401), der nach dem Thron seines Bruders Artaxerxes II. (um 451 oder 443—zwischen 363 und 357) trachtete. Kyros führte seine 10 000 Griechen gegen Babylonien und gelangte bis an den Euphrat. Dort fiel er, und die Griechen waren führerlos zurückgelassen. Der junge Athener Xenophon (um 430 — nach 355) beschrieb später ihren Rückzug in seinem berühmten Buch *Anabasis*. Durch feindliche Attacken aufgerieben, von schlechtem Wetter heimgesucht und durch die Unkenntnis der Landschaft gehindert, traten sie ihren Rückzug über nahezu 2000 Kilometer bis ans Schwarze Meer an.

Der Angriff. Die Perser waren nicht imstande gewesen, das Söldnerheer des Kyros zu vernichten. Alexander mit seinem weit stärkeren Heer hatte daher guten Grund, an einen Sieg zu glauben. 334 v. Chr. überschritt er den Hellespont, den Xerxes nahezu eineinhalb Jahrhunderte früher in entgegengesetzter Richtung überquert hatte. Kurz danach besiegte er die auf asiatischer Seite zusammengezogenen Streitkräfte der Perser am Granikos. Aus der Kriegsbeute sandte er 300 persische Rüstungen mit der Botschaft nach Athen: «Alexander, Sohn des Philipp, und die Griechen — die Spartaner ausgenommen — haben den Barbaren diese Beute abgewonnen.» In diesem einen kurzen und selbstbewußten Satz gab er seiner Verachtung für die Perser, seiner noch größeren Verachtung für die Spartaner und seiner Überzeugung Ausdruck, daß er eine griechische Sache vertrat.

Mit dem Fortschreiten des Feldzuges erweiterten sich auch Alexanders Pläne. Ursprünglich war es seine Absicht gewesen, lediglich das persische Heer zu vernichten. Bald jedoch hatte er beschlossen, das gesamte Perserreich einzunehmen. Und er strebte diesem Ziel zu, ohne eine einzige Niederlage zu erleiden. Er besaß einen beinahe hellseherischen Scharfblick für strategische Probleme und war ein unerhört erfinderischer Taktiker. Wie Napoleon schätzte er schnelle Handlungen. Aber wenn es erforderlich war, konnte er auch warten, wie er mit der langen Belagerung der gewaltigen Festung Tyros bewies.

Der Sieg. Er war außerordentlich geschickt in der Handhabung ungewöhnlicher Taktiken. Er setzte mit Sicheln versehene Wagen ein, ließ Elefanten aufmarschieren und führte mit berittenen Nomaden einkreisende Umgehungsmanöver. Darius, der nicht nur feige, sondern auch grausam war, behandelte Gefangene mit einer Härte, die die mazedonischen Soldaten verbitterte. In zwei bedeutenden Schlachten, 333 v. Chr. bei Issos und 331 v. Chr. bei Gaugamela, suchte Darius sein Heil in der Flucht. Mit diesen beiden Siegen hatte Alexander den stärksten Widerstand der Perser gebrochen. Im Herbst des Jahres 331 v. Chr. marschierte er in Babylon, der Winterresidenz der persischen Könige, ein. Im Dezember des gleichen Jahres eroberte er die Sommerresidenz Susa. Von Susa aus marschierte er gegen die eigentliche Hauptstadt Persepolis. Hier, so berichtet Plutarch, sammelte er derart reichliche Schätze, daß 20 000 Esel und 5000 Kamele nötig waren, um sie abzutransportieren. Bevor er Persepolis verließ, steckte Alexander aus Gründen, die nie aufgeklärt worden sind, den riesigen Palast des Großkönigs in Brand. Vielleicht war es eine Laune. Es ist aber auch möglich, daß er es in einem Anfall trunkener Erregung tat. Eine weitere Möglichkeit ist, daß er symbolisch zum Ausdruck bringen wollte, daß der Einfall der Perser in Griechenland endlich gerächt sei.

Dieses Bild zeigt ein Kamel, das dem Herrscher als Tribut gebracht wird. Das Relief ist Teil eines Paneels, das den Aufgang zum Palast des Darius in Persepolis schmückt. Da gewöhnlichen Leuten der Zugang zur Audienzhalle versagt war, wurde für sie in Reliefs dargestellt, was dort vorging. Alexander ließ den Palast nach der Einnahme der Stadt niederbrennen.

Alexander auf dem Thron der Achämeniden. Alexander betrachtete sich bereits als König von Persien, aber sein Anrecht auf den Thron war in Frage gestellt, solange Darius noch auf freiem Fuß war. Im Sommer

330 v. Chr. marschierte Alexander nach Norden, um ihn zu verfolgen. Kurz bevor er ihn gefangennehmen konnte, wurde der Führer der Perser von seinen eigenen Leuten erschlagen, deren lange zurückgehaltene Empörung über die schlechte Verteidigungspolitik zu einer Rebellion geführt hatte. Nahe Hekatompylos stieß Alexander auf den Leichnam des Darius und befahl, ihn nach Persepolis zu überführen, damit er in der königlichen Grabstätte der Achämeniden beigesetzt werden könnte. Nun endlich war Alexander offiziell Großkönig von Persien. In dieser neuen Rolle wandte er sich nach Osten, um von den restlichen persischen Provinzen Besitz zu ergreifen. Zwei Jahre später erreichte er die Provinzen Baktria und Sogdiana und unterwarf sie; nun herrschte er über das gesamte Gebiet, das dem Darius gehört hatte.

Zu Beginn des persischen Feldzuges war es Alexanders Ziel gewesen, das persische Heer zu zerschlagen. Wenn er überhaupt an das Reich dachte, so nur als Quelle des Reichtums. Folglich tat er, abgesehen davon, daß er in den eroberten Gebieten Besatzungstruppen zurückließ, nur sehr wenig, um seine Herrschaft zu festigen. Als ihm jedoch immer größere Gebiete zufielen, sah er, daß es unmöglich war, das Reich zu halten, ohne es auch zu regieren, und um es wirkungsvoll regieren zu können, mußte er es mit der griechischen Welt verschmelzen. Er bewies in der Folgezeit, daß er ein ebenso gewandter Staatsmann wie Feldherr war.

Sicherung des Reiches. Da es sein Hauptanliegen war, das Reich zu erhalten, tolerierte Alexander viele lokalgebundene Sitten und Bräuche. Bis zu einem gewissen Grad ließ er sogar alte Einrichtungen bestehen. Aber gleichzeitig führte er eine Anzahl hellenischer Ideen ein, von denen die wichtigste die des griechischen Stadtstaates war. Er war freigebig mit seinem Namen — unter den von ihm gegründeten Städten gab es nicht weniger als 16 Alexandrias. Die meisten davon wurden völlig neu erbaut. Die erste und bedeutendste dieser Städte war das ägyptische Alexandria, das ein Jahrhundert später zum illustren Zentrum der gesamten hellenistischen Welt werden sollte.

Mit dem Anwachsen des Reiches sah Alexander, daß Asien nicht einfach wie eine griechische Kolonie verwaltet werden konnte. Er mußte Perser und Griechen zu einer Einheit verschmelzen. 327 v. Chr. heiratete er zum Teil aus politischen Gründen, vielleicht aber auch aus Liebe, die sogdianische Prinzessin Roxane (gest. 310 oder 309). Es scheint, als habe Alexander sich nicht sehr für Frauen interessiert. Plutarch schreibt, daß er «oft den Ausspruch tat, Schlaf und Liebesgenuß lehrten ihn am deutlichsten, daß er sterblich sei, denn Ermüdung und Sinnenlust stammten aus einer Wurzel: der Schwäche des Menschenkörpers». Drei Jahre nach seiner Verbindung mit Roxane ehelichte er die älteste Tochter des Darius aus rein politischen Gründen. Die Hochzeit war ein Staatsakt: gleichzeitig heirateten auf Alexanders Befehl achtzig seiner ranghöchsten Offiziere achtzig persische Mädchen von adliger Herkunft.

Gottkönigtum. Um das Reich weiter zu festigen, gliederte er die persische Reiterei seinem eigenen Heer ein und befahl, daß 30 000 junge Perser in der mazedonischen Kampftechnik geschult wurden. Er selbst kleidete sich nach persischer Art, und eine Zeitlang versuchte er sogar, seine Soldaten nach persischer Sitte zum Fußfall vor dem König zu bewegen. Aber seine mazedonischen Hauptleute empfanden das als eine Demütigung. Sie spürten, daß der Fußfall Anbetung bedeutete, und sie hielten Alexander nicht für einen Gott.

Einmal rief Alexander seine persischen und mazedonischen Hauptleute zusammen und erklärte ihnen eindringlich, sie sollten die ganze Welt als ihre Heimat und alle guten Menschen als Brüder betrachten. Damit wollte er nicht für die Bruderschaft aller Menschen plädieren. Diese Idee überließ Alexander den Philosophen der nächsten Generation, die sie zu einem Hauptpunkt ihrer Lehren machten. Alexanders Version von Brüderlichkeit war ihm durch einfache politische Zweckmäßigkeit eingegeben: er sah, daß er das Reich nicht zusammenhalten konnte, ohne seinen Bewohnern gewisse Rechte und Vollmachten zuzugestehen. Er wünschte, daß seine persischen Hauptleute sich den Mazedoniern gleichgestellt fühlten, und wollte, daß die Mazedonier das akzeptierten.

Möglicherweise auch aus politischer Zweckmäßigkeit verlangte Alexander, als Stellvertreter der Götter angesehen zu werden. Diese Quasi-Göttlichkeit verlieh ihm einen Status, der seine doppelte Rolle als Führer der Griechen und König der Perser überstieg. Die Perser erfüllten seinen Wunsch nur zu bereitwillig; sie waren daran gewöhnt, Könige mit Göttern in Verbindung zu bringen. Die Griechen jedoch verhöhnten diese Idee. Wenn sie auch manchmal Menschen als Götter ansahen, so war es dennoch nahezu unerhört, daß ein Mensch sich selbst zum Gott erhöhte. Göttlichkeit war eine höchste Würdigung, die nur durch andere verliehen werden konnte.

Gefährdung durch die eigenen Truppen. Die meisten von Alexanders Ideen zur Einigung der Griechen und Perser machten wenig Eindruck auf seine mazedonischen Gefährten. Sie waren Soldaten und nicht Politiker. Seine Reichsidee paßte nicht zu ihrer eigenen ungeschliffenen Ehrsucht. Seinem Wunsch, mit Verantwortung zu regieren, brachten sie keine Sympathie entgegen. Sie fühlten, daß er sich über sie stellte und damit den alten Gedanken der Waffenbrüderschaft aufhob, der ehemals kennzeichnend für das mazedonische Heer gewesen war. Sie empörten sich darüber, daß er die Perser als ihresgleichen behandelte und damit den jahrhundertealten Unterschied zwischen Griechen und Barbaren auslöschte. Bestürzung befiel sie, als er Griechen dem Befehl von Persern unterstellte, und Perser zu Statthaltern machte. Mehr als einmal sah sich Alexander Verschwörungen gegenüber. Nie konnte er sicher sein, daß die zur Verwaltung der besetzten Städte zurückgelassenen Truppen nicht revoltieren würden. Nie konnte er die Gefahr des Meuchelmordes ausschließen. Und dennoch hielt er das gewaltige Reich zusammen.

Nach Indien. Nachdem er die letzten persischen Provinzen Baktria und Sogdiana eingenommen hatte, wandte sich Alexander nach Süden und zog gegen Indien. Nahezu zwei Jahrhunderte früher, unter Darius II., hatte ein Teil des Subkontinents zum Perserreich gehört. Alexander war entschlossen, diese Gebiete zurückzuerobern. Er überquerte das Hindukusch-Gebirge, folgte dem Lauf des Kabul bis an den Indus und durchquerte das Land bis an den Hydaspes. Am Hydaspes, nahe einer Ortschaft, die heute den Namen Jhelum trägt, schlug er eine der schwierigsten Schlachten seines Lebens. Sein Gegner war der indische König Poros, dessen Heer das des Alexander um ein Mehrfaches übertraf und hervorragend ausgebildet war. Zu dem Heer des Poros zählten auch Kriegselefanten. Diese riesigen Tiere verminderten Alexanders Schlagkraft, da seine Pferde vor ihnen scheuten. Nach einer Reihe von Scheinmanövern griff Alexander schließlich von einer unerwarteten Seite an und besiegte Poros. In dieser Schlacht verlor Alexander sein Pferd Bukephalos. Alexander hatte es sich als zwölfjähriger erworben, als niemand außer ihm imstande war, es zu reiten. Diesem Tiere zum Gedenken gründete er auf dem Schlachtfeld eine Stadt, der er den Namen Bukephala gab.

Vom Hydaspes aus drang Alexander tiefer nach Indien ein. Wie viele Menschen seiner Zeit glaubte er, der indische Kontinent sei eine kleine, nach Osten vorspringende Halbinsel, deren Ränder von Wassermassen umspült waren, die schlicht Ozean genannt wurden und die Welt umgaben. Er hoffte, den Ozean zu erreichen und ihn als Höhepunkt seines langen Feldzuges zu erforschen. Zu diesem Zweck hatte er Ruderer und Schiffsbauer aus Phönizien, Zypern, Karia und Ägypten im Troß mitgeführt und sogar seinen Jugendfreund Nearchos zu seinem Admiral bestellt. Seine Truppen jedoch waren anderer Meinung. Der Sinn des Feldzuges gegen Persien ging ihnen ein, ein Vordringen gegen Indien jedoch nicht. Sie hatten von weiten Wüsten, wilden Kriegern und großen Elefantenheeren gehört. Darüber hinaus waren sie abgekämpft und sehnten sich danach, zurückzukehren. Sie weigerten sich, weiterzumarschieren.

Der letzte Marsch. Alexander gab ihnen drei Tage Zeit, ihre Meinung zu ändern. Als er sah, daß sie dazu nicht bereit waren, stimmte er zu, den Rückmarsch anzutreten. An den Ufern des Hyphasis errichtete er zwölf Altäre zu Ehren der Olympischen Götter aus Dankbarkeit dafür, daß ihm

Alexanders Lagerplatz bei Baktra im heutigen Afghanistan liegt nahe einem Karawanenweg. Auf dem Wege nach Indien verbrachte er dort zwei Winter.

so viele Siege vergönnt waren, die fast bis ans Weltende geführt hatten. Dann teilte er seine Truppen auf und ließ eine Gruppe unter Nearchos mit dem Auftrag, die Küste des Indischen Ozeans und des Persischen Golfes zu erforschen, auf dem Wasserwege zurückkehren. Der Route nach Norden folgend schlug eine zweite Gruppe den Landweg ein. Der Rest

Der epochenmachende Feldzug, den Alexander 334 v. Chr. begann und 11 Jahre später abschloß, ist auf dieser Karte nachgezeichnet. Am Anfang stand ihm eine Streitmacht von Mazedoniern und Griechen zur Verfügung, die 30 000 Infanteristen und 5000 Reiter umfaßte. Die bedeutendste Truppe bildeten die 2000 «Gefährten». Zur Infanterie gehörten

schwerbewaffnete Lanzen- und Schildträger, leichtbewaffnete Speerwerfer und Bogenschützen. Darüber hinaus verfügte Alexander über einen Belagerungstroß, der mit transportablen Türmen und Rammen auf Rädern ausgerüstet war. Das eroberte Gebiet konnte natürlich nicht so kontrolliert werden, wie es heute bei besetzten Gebieten geschieht.

des Heeres kehrte unter Alexanders Führung durch die südlichen Landstriche des heutigen Belutschistan und Iran zurück. Großteile dieses Weges führten durch glühend heiße Wüste. Die Hitze war so unerträglich, daß das Heer bei Nacht marschieren mußte. Über eine Strecke von mehr als 300 Kilometer verloren die Führer den Weg. Die Nahrungsvorräte wurden knapp, und die Lasttiere mußten geschlachtet werden. Alexander brachte sein Heer durch und teilte die Mühsal seiner Soldaten. Er stellte sein eigenes Pferd für die Nachhut ab und ging zu Fuß; er lehnte selber Wasser ab, als nicht genug für jeden da war.

Im Frühjahr 323 v. Chr. erreichte er Babylon und begann nahezu auf der Stelle, das Heer neu zu formieren und eine Invasion Arabiens zu planen. Im Juni jedoch streckte ein Fieber ihn nieder. Die Anstrengungen und Entbehrungen des Marsches hatten seine bis dahin ausgezeichnete Gesundheit geschwächt. Sein Gesundheitszustand verschlechterte sich zusehends, und bald konnte er nicht mehr sprechen. Seine Hauptleute zogen einer nach dem anderen an seinem Lager vorbei. Alexander konnte nur noch die Hand heben und ein Zeichen mit den Augen geben. Am 13. Juni 323 v. Chr. starb er noch nicht 33jährig.

Der Zerfall des Alexanderreiches. Unmittelbar nach seinem Tode zerfiel sein Reich. Die eroberten indischen Gebiete fielen an die eigentlichen Herrscher zurück, und die nach Macht strebenden Feldherren Alexanders teilten bald darauf auf, was übriggeblieben war. Seleukos I. (um 355—281) eignete sich den größten Teil von Persien an und gründete das Seleukidenreich; Ptolemäus I. (vor 360—283) begründete die ptolemäische Dynastie in Ägypten; Antigonos I. (um 384—301) wurde König von Mazedonien. In Griechenland zerfiel der Bund von Korinth. Athen und Sparta wurden wieder zu unabhängigen Stadtstaaten, während die meisten anderen Staaten einem der neuen Bündnisse beitraten, dem Ätolischen oder dem Achäischen Bund, deren Macht und Einfluß jedoch im allgemeinen auf die jeweiligen Mitgliedstaaten beschränkt blieb.

Kulturelle Nachwirkungen. Alexanders Nachfolger in Asien behaupteten, seine Herrschaft fortzuführen, und folgten zumindest in einigen Punkten seinem Beispiel. Vorbild für ihre Städte waren die griechischen Stadtstaaten. Sie nahmen die griechische Sprache als Lingua franca ihrer Welt an, legten sich Alexanders Titel und Attribute zu und prägten sein Bild auf ihre Münzen.

In Baktria und Indien behaupteten Kleinkönige viele Jahrhunderte lang, direkt von Alexander abzustammen. Der indische König Chandragupta sah sich durch den Erfolg Alexanders in seiner Hoffnung bestärkt, Indien unter einer einzigen Morarchie einen zu können. Die Mirs von Badakhshan glaubten, daß ihre Pferde von Alexanders Bukephalos abstammten.

Die griechische Kunst beeinflußte die Kunst in ganz Westasien und hinterließ bleibende Merkmale in der Bildhauerei der Gandhara-Schule in Indien. Griechische Formgestaltung drang von Persien aus bis in den fernen Osten. Gegenstände mit nachweislich griechischem Einfluß sind am westlichen Ende der Chinesischen Mauer gefunden worden. Einige hundert Jahre nach Alexanders Tod kamen römische Legionen in den östlichen Mittelmeerraum und nach Asien und fanden noch immer funktionierende Überreste seines Systems – Überreste, aus denen sie jedoch immer noch einiges in der Kunst, ein Weltreich tatkräftig und umsichtig zu regieren, lernen konnten.

Alexandermythos. Schon kurz nach seinem Tode wob sich um die Gestalt Alexanders eine romantische Legende. Seine Lebensgeschichte wurde überall in der bewohnten Welt erzählt. An Ausmaß und Vielseitigkeit gibt es schwerlich seinesgleichen. Von Großbritannien bis Malaya gibt es mehr als 80 Versionen in 24 Sprachen. Einer Version zufolge führte ihn sein Eroberungszug bis nach Rom und Karthago und dann durch die Säulen des Herkules an den Atlantischen Ozean. Eine andere Version macht ihn zum Herrscher über ein Weltkönigreich, das nach der biblischen Prophezeiung der Ankunft des Messias vorausgeht. In der persischen Sage durchquert Alexander von Indien aus Tibet und Teile von China und Rußland, bis er in das Land der Dunkelheit kommt. Als Iskander, der «Zweigehörnte», wurde er zu einem der legendären Helden des Islam und war noch Bestandteil der islamischen Folklore, als Napoleon in Ägypten einmarschierte. Beduinen hielten Napoleon für den wiederauferstandenen Iskander.

Griechenland nach Alexander. Griechenland ging grundlegend gewandelt aus dieser Epoche hervor. Wenn es auch seine politische Unabhängigkeit behaupten konnte, so stieg es doch nie wieder zu seiner früheren Macht empor. Zwei Jahrhunderte später wurde es von den Römern erobert. Der kulturelle Einfluß, den Griechenland nach Alexander ausübte, war ungleich größer als jemals zuvor, barg aber weniger einende Kraft in sich. Unvermeidlich weitete sich die griechische Weltsicht mit der Erschließung Asiens für den griechischen Handel. Doch gleichzeitig drang damit grundsätzlich fremdes Gedankengut in das kulturelle Leben Griechenlands ein. Durch die Verschmelzung mit der Gedankenwelt Asiens wurde das Hellenentum des klassischen Griechenlands zum Hellenismus. In dieser Form beeinflußte Griechenland Rom, Ägypten und große Teile Asiens.

Die lange Entwicklung, die im griechischen Mittelalter in Ionien begonnen hatte und mit dem Perikleischen Athen ihren Gipfelpunkt erreichte, begann bereits mit dem Peloponnischen Krieg, sich ihrem Ende zuzuneigen. Begeisterung und Vertrauen, die Griechenland von Erfolg zu Erfolg

Kap Sunion an der Südostspitze Attikas. Die Ruinen des Poseidon-Tempels heben sich als

getragen hatten, waren schließlich sein Untergang. Die Athener, die in ihrer Demokratie die Eleganz und die Tugenden einer aristokratischen Gesellschaft bewahrt hatten, glaubten, daß sich ihnen niemand widersetzen könne. Eine Zeitlang schienen ihnen die Ereignisse Recht zu geben. Aber Athen wollte zu viel und mußte scheitern. Mit Athen ging auch das übrige Griechenland unter. Die geschliffene Intelligenz begann, sich gegen sich selbst zu wenden, die schöpferische Kraft beschränkte sich auf naheliegendere Ziele.

Silhouette vom hellen Himmel ab.

Wenn je ein Volk das Antlitz der Welt verändert hat, so waren es die Griechen des 7. bis 5. Jahrhunderts v. Chr. Ohne sie wären wir wahrscheinlich nicht das, was wir heute sind, unser Geistesleben wäre sicherlich ärmer.

Literaturhinweise

Geschichte

BERVE, H.: Griechische Geschichte. (Herder-Bücherei 37, 56, 69) 3 Bde., 2.–3. Aufl., Herder Verlag KG, Freiburg im Breisgau 1963.

EKSCHMITT, W.: Ins unbekannte Griechenland. Safari-Verlag, Berlin 1966.

HASEBROCK, J.: Griechische Wirtschafts- und Gesellschaftsgeschichte bis zur Perserzeit. Georg Olms Verlagsbuchhandlung, Hildesheim 1966.

HEURTLEY, W. H., u. a.: Griechenland. Altertum, Mittelalter, Neuzeit. (Urban-Bücher 93) W. Kohlhammer GmbH, Stuttgart 1966.

HEUSS, A.: Griechische Geschichte. (Propyläen-Bibliothek der Geschichte) Propyläen Verlag, Berlin 1968.

KIRSTEN, E./KRAIKER, W.: Griechenland-Kunde. Ein Führer zu klassischen Stätten. 2 Bde., 5. Aufl. (Bücherei Winter) Carl Winter Universitätsverlag, Heidelberg 1967.

Die Mittelmeerwelt im Altertum. Hg. v. H. BENGTSON u. a. (4 Bde., Fischer Weltgeschichte 5–8). Fischer Bücherei KG, Frankfurt a. M. 1965–66.

WILCKEN, U.: Griechische Geschichte im Rahmen der Altertumsgeschichte. Bearb. v. G. KLAFFENBACH. (Geschichte der Völker und Staaten) 9. Aufl., R. Oldenbourg Verlag KG, München 1962.

Stadtstaaten

ADORNO, F., u. a.: Athen und seine große Zeit. Leben und Kultur im klassischen Athen. Arena-Verlag Georg Popp, Würzburg 1966.

GREGOROVIUS, F.: Geschichte der Stadt Athen im Mittelalter von der Zeit Justinians bis zur türkischen Eroberung. 4. Aufl., Schwabe & Co. GmbH, Basel und Stuttgart 1963.

MEIER, THEODOR: Das Wesen der spartanischen Staatsordnung nach ihren lebensgesetzlichen und bodenrechtlichen Voraussetzungen. Nachdr. Scientia Antiquariat und Verlag, Zürich 1962.

PROKOPIOU, A.: Ursprung und Blüte der attischen Kultur. Umschau Verlag, Frankfurt am Main 1965.

TARKIAINEN, T.: Die athenische Demokratie. (Die Bibliothek der alten Welt, Reihe Forschung und Deutung), Artemis-Verlag, Zürich und Stuttgart 1966.

Kulturgeschichte

CHAMOUX, F.: Griechische Kulturgeschichte. (Knaurs große Kulturgeschichte) Droemersche Verlagsanstalt Th. Knaur Nachf., München 1966.

EHRENBERG, V.: Der Staat der Griechen. (Die Bibliothek der Alten Welt, Reihe Forschung und Deutung) Artemis-Verlag, Zürich und Stuttgart 1965.

FRÄNKEL, H.: Wege und Formen frühgriechischen Denkens. Literarische und philosophiegeschichtliche Studien. 2. Aufl., C. H. Beck'sche Verlagsbuchhandlung, München 1960.

FRIEDELL, E.: Kulturgeschichte Griechenlands. Leben und Legende der vorchristlichen Seele. C. H. Beck'sche Verlagsbuchhandlung, München 1966.

NESTLE, W.: Griechische Geistesgeschichte. Von Homer bis Lukian. (Kröners Taschenausgaben 192) 2. Aufl., Alfred Kröner Verlag, Stuttgart 1956.

SCHACHERMEYR, F.: Griechische Geschichte mit besonderer Berücksichtigung der geistesgeschichtlichen und kulturmorphologischen Zusammenhänge. W. Kohlhammer GmbH, Stuttgart, Köln, Berlin und Mainz 1960.

SNELL, B.: Die alten Griechen und wir. (Kl. Vandenhoeck-Reihe 138) Vandenhoeck & Ruprecht, Göttingen 1962.

Religion und Mythologie

KERENYI, K.: Die Mythologie der Griechen. 2 Bde., 1.–3. Aufl., Rhein-Verlag AG, Zürich 1964.

KERN, O.: Die Religion der Griechen. 3 Bde., 2. Aufl., Weidmannsche Verlagsbuchhandlung, Zürich 1963.

KRANZ, W.: Die griechische Philosophie. Zugleich eine Einführung in die Philosophie überhaupt. (Sammlung Dieterich 88) Carl Schünemann Verlag, Bremen 1962.

NILSSON, M. P.: Geschichte der griechischen Religion. (Handbuch der Altertumswissenschaft 5, 2) 2 Bde., 2.–3. Aufl., C. H. Beck'sche Verlagsbuchhandlung, München 1961–1967.

OTTO, W. F.: Die Götter Griechenlands. Das Bild des Göttlichen im Spiegel des griechischen Geistes. 5. Aufl., Gerhard Schulte-Bulmke, Frankfurt am Main 1961.

PETERICH, E.: Götter und Helden der Griechen. Kleine Mythologie. (Fischer Bücherei 259) (Bücher des Wissens) Fischer Bücherei KG, Frankfurt am Main 1961.

RANKES-GRAVES, R. v.: Griechische Mythologie. Quellen und Deutung. (rowohlts deutsche enzyklopädie 113 und 115) 2 Bde., Rowohlt Taschenbuch Verlag GmbH, Reinbek 1960.

ROSE, H. J.: Griechische Mythologie. Ein Handbuch. 2. Aufl., C. H. Beck'sche Verlagsbuchhandlung, München 1961.

Kunst

BOARDMAN, J., u. a.: Die griechische Kunst. Hirmer Verlag, München 1966.

BUSCHOR, E.: Bilderwelt griechischer Töpfer. (Piper-Bücherei 71) R. Piper & Co. KG, München 1962.

DEMARGNE, P.: Die Geburt der griechischen Kunst. Die Kunst im ägäischen Raum von der vorgeschichtlichen Zeit bis zum Anfang des 6. vorchristlichen Jahrhunderts. (Universum der Kunst 6) C. H. Beck'sche Verlagsbuchhandlung, München 1964.

GRUBEN, G.: Die Tempel der Griechen. (Reise und Studium). Hirmer Verlag, München 1966.

HAFNER, G.: Geschichte der griechischen Kunst. Atlantis-Verlag, Freiburg im Breisgau und Zürich 1961.

HAUSMANN, U.: Griechische Weihereliefs. Walter de Gruyter & Co., Berlin 1960.

KÄHLER, H.: Der griechische Tempel. Wesen und Gestalt. Gebr. Mann Verlag GmbH, Berlin 1964.

Kantorowicz, G.: Vom Wesen der griechischen Kunst. (Veröffentlichung der Deutschen Akademie für Sprache und Dichtung Darmstadt 24) Lambert Schneider Verlag GmbH, Heidelberg 1961.

Lullies, R.: Griechische Plastik von den Anfängen bis zum Ausgang des Hellenismus. 2. Aufl., Hirmer Verlag, München 1960.

Overbeck, J.: Die antiken Schriftquellen zur Geschichte der bildenden Künste bei den Griechen. Nachdr. Georg Olms Verlagsbuchhandlung, Hildesheim 1959.

Richter, G. M. A.: Handbuch der griechischen Kunst. 4. Aufl., Phaidon Verlags-GmbH, Köln 1965.

Robertson, M.: Griechische Malerei. (Die großen Jahrhunderte der Malerei) Edition Albert Skira, Genf 1959.

Schefold, K.: Die Griechen und ihre Nachbarn. (Propyläen Kunstgeschichte 1) Propyläen Verlag, Berlin 1967.

Schefold, K.: Griechische Kunst als religiöses Phänomen. (rowohlts deutsche enzyklopädie 98) Rowohlt Taschenbuch Verlag GmbH, Reinbek 1959.

Schuchhardt, W.-H.: Griechische Kunst. (Belser Stilgeschichte 2) Chr. Belser Verlag, Stuttgart 1968.

Literatur

Dihle', A.: Griechische Literaturgeschichte. (Kröners Taschenausgaben 199) Alfred Kröner Verlag, Stuttgart 1967.

Flaceliere, R.: Literaturgeschichte Griechenlands. Wilhelm Goldmann GmbH, München 1966.

Fränkel, H.: Dichtung und Philosophie des frühen Griechentums. Eine Geschichte der griechischen Epik, Lyrik und Prosa bis zur Mitte des 5. Jahrhunderts. 2. Aufl., C. H. Beck'sche Verlagsbuchhandlung, München 1962

Kranz, W.: Studien zur antiken Literatur und ihrem Fortwirken. Kleine Schriftenreihe. (Bibliothek der klassischen Altertumswissenschaft Neue Folge 1, 3) Carl Winter Universitätsverlag, Heidelberg 1967.

Koller, H.: Musik und Dichtung im alten Griechenland. A. Francke Verlag, München und Bern 1963.

Lesky, A.: Geschichte der griechischen Literatur. 2. Aufl., A. Francke Verlag, München und Bern 1963.

Treu, M.: Von Homer zur Lyrik. Wandel des griechischen Weltbildes im Spiegel der Sprache. (Zetemata 12) 2. Aufl., C. H. Beck'sche Verlagsbuchhandlung, München 1968.

Personennamenregister

Die Seitenzahlen können sich auch auf Abbildungen beziehen

Sachwortregister

Die Seitenzahlen können sich auch auf Abbildungen beziehen

Danksagungen

Die Herausgeber dieses Buches sind folgenden Damen und Herren zu besonderem Dank verpflichtet: Cornelius Vermeule, Direktor des Department of Classical Art am Museum of Fine Arts, Boston; Daniel E. Gershenson, Assistant Professor des Department of Classics an der Columbia University; Brian F. Cook, stellvertretender Direktor des Department of Greek and Roman Art am Metropolitan Museum of Art, New York; Gjon Mili; John Kondis, Professor für Archäologie, Athen; Henry S. Robinson, Direktor, und Eugene Vanderpool, American School of Classical Studies in Athen; Homer A. Thompson, Field Director, John Travlos, Dorothy Burr Thompson, Poly Demoulini und Lucy Talcott, Agora Ausgrabungen, Athen; Christos Karouzos, Ephor der Antiquitätensammlung, Athen; Semni Karouzou, Ephor der Antiquitätensammlung, Athen; Nikolaos Platon, Direktor des Akropolis Museums, Athen; Vasilcios Callipolitis, Direktor, Barbara Philippaki und Maria Petropoulakou, Archäologisches Nationalmuseum, Athen; Emil Kunze, Direktor, und Gerhard Neumann, Deutsches Archäologisches Institut, Athen; Mario Moretti, Direktor, und Giovanni Scichilone, Museo Nazionale di Villa Giulia, Rom; Alfonso de Franciscis und Giuseppe Maggi, Museo Nazionale, Neapel; Erminia Speyer, Galerien und Museen des Vatikans; Nina Longobardi und Ernest Nash, American Academy, Rom; Theodor Kraus, Istituto Archaeologico Germanico, Rom; Denys Haynes, Direktor der Abteilung Greek and Roman Antiquities am British Museum, London; Gerhard R. Meyer, Direktor, und Elisabeth Rhode, Antikenabteilung, Staatliche Museen, Ost-Berlin; Norbert Kunisch, Antikenabteilung, Staatliche Museen, West-Berlin; Erwin M. Auer, Kunsthistorisches Museum, Wien; Antikensammlungen, Prinz Carl Palais, München; Ehrwürden Raymond V. Schoder, S. J., Loyola University Chicago; Phillip Bacon, Professor für Geographie, Teachers College, Columbia University; Paul P. Vouras, außerordentlicher Professor für Geographie, und Livio C. Stecchini, Assistant Professor, Paterson State College; Colonel John R. Elting, Acting Deputy Head des Department of Military Art and Engineering, und Frederick P. Todd, Direktor des Museums der United States Military Academy, West Point; und Judy Higgins.

Bildquellennachweis

(Die Seitenzahlen stehen vor den Namen derer, die Fotos, Zeichnungen oder Grafiken für diesen Band zur Verfügung gestellt haben. Der Angabe der Herkunft der Abbildungen wird eine kurze Beschreibung der abgebildeten Werke hinzugefügt.)

Umschlagvorderseite: Gjon Mili

7: Panathenaia Amphora des Berlin-Malers, 5. Jh. v. Chr., Museo Nazionale, Neapel (Emmett Bright). 8: Athene, Bronze, ca. 350 v. Chr., Piräus Museum (Roloff Beny). 12: Attische geometrische Vase, Ausschnitt, 8. Jh. v. Chr., The Metropolitan Museum of Art, Rogers Fund, 1914. 13 links: Kouros (Jüngling), Marmor, 7. Jh. v. Chr., The Metropolitan Museum of Art, Fletcher Fund, 1932. 13 rechts: Hermes des Praxiteles, Marmor, ca. 325 v. Chr., Olympia Museum (Nic Stournaras). 14, 15: Gemmen, Abgüsse, 5. Jh. v. Chr., Museum of Fine Arts, Boston (John Mc Quade). 17: Apulischer Krater des Standbildmalers, 4. Jh. v. Chr., The Metropolitan Museum of Art, Roger Fund, 1950 (Eric Schaal). 19: Amphora, Ton, 5. Jh. v. Chr., Agora Museum in der Stoa des Attalos, Athen (Gjon Mili). 21: Jockey, Bronze, ca. 150 v. Chr., Archäologisches Nationalmuseum, Athen (Stephanos Papadopoulos). 22/23: Olympische Götter, Marmor, möglicherweise 1. Jh. v. Chr., Süditalien, Walters Art Gallery, Baltimore. 25: Siphnierschatzhaus, Delphi, Marmorfries, ca. 525 v. Chr., Delphi Museum (Gjon Mili). 26: Tempel Ramses' III., 12. Jh. v. Chr., Medinet Habu, Ägypten (Eliot Elisofon). 30/31, 33, 36/37: Richard Meek. 38/39: Mauern von Troja (Ara Güler). 41: Sandsteinfries aus Gjölbaschi, ca. 400 v. Chr., Kunsthistorisches Museum, Wien (Erich Lessing von Magnum). 42: Samothrake (Roloff Beny). 43: Sandsteinfries aus Gjölbaschi, ca. 400 v. Chr., Kunsthistorisches Museum, Wien (Erich Lessing von Magnum). 44 oben: Rotfiguriges attisches Trinkgefäß des Epiktetos-Malers, ca. 510 v. Chr., Agora Museum, Athen (Stephanos Papadopoulus). 44 unten: Panathenaia Amphora, dem Euphiletos-Maler zugeschrieben, ca. 530 v. Chr., The Metropolitan Museum of Art, Rogers Fund, 1914 (Eric Schaal). 46 unten: Etruskische Bucchero Vase, 7. Jh. v. Chr., The Metropolitan Museum of Art, Fletcher Fund, 1924 (Eric Schaal). 48: Panathenaia Amphora, dem Euphiletos-Maler zugeschrieben, ca. 530 v. Chr., The Metropolitan Museum of Art, Rogers Fund, 1914 (Eric Schaal). 51: Tholos, Delphi, ca.

400 v. Chr. (Gjon Mili). 52: Schwarzfiguriges attisches Trinkgefäß von Tleson, Sohn des Nearchos, ca. 550 v. Chr., Kuratoren des British Museum, London. 57: Gjon Mili. 58: Roloff Beny. 60/61: David Greenspan. 62: Silbernes Vierdrachmenstück aus Phaselis, ca. 360 v. Chr.; silberne Oktodrachma, Abdera, ca. 520–492 v. Chr.; silberne Tetradrachma, Syrakus, ca. 413 v. Chr.; silbernes Vierdrachmenstück, Abydos, ca. 390 v. Chr.; silberne Tetradrachma, Kyrene, ca. 435 bis 375 v. Chr. 63: Athener Münzen, Silber, ca. 490–450 v. Chr., Museum of Fine Arts, Boston (John Mc Quade). 65, 68, 69: Zeichnungen von Victor und Maria Lazzaro. 71: Kalbträger, Marmor, ca. 560 v. Chr., Akropolis Museum, Athen (Gjon Mili). 73: Stele, Gesetz gegen die Tyrannei, 336 v. Chr., Marmor, Agora Museum, Athen (Gjon Mili). 74: Schwarzfiguriges attisches Trinkgefäß, ca. 530 v. Chr., Louvre, Paris (Chuzeville von Rapho-Guillumette). 76: Rotfiguriger apulischer Krater des Dareios-Malers, 4. Jh. v. Chr., Museo Nazionale, Neapel (Emmett Bright). 79 links: Korinthischer Helm, Bronze, 6. Jh. v. Chr. 79 rechts: Lanze, Bronze, 5. Jh. v. Chr. 81: Sturmbock, Bronze, 5. Jh. v. Chr., Olympia Museum (Deutsches Archäologisches Institut, Athen). 86/87: David Greenspan. 89: Zeichnung von Victor und Maria Lazzaro. 92/93: Richard Meek. 96: Perikles, römische Nachbildung des Originals aus dem 5. Jh. v. Chr., British Museum, London (Heinz Zinram). 98/99: Rednerbühne, Pnyx, 4. Jh. v. Chr. (Constantin Manos von Magnum). 101: Kleroterion, Marmor, 3. Jh. v. Chr., Agora Museum, Athen (Agora Ausgrabungen, American School of Classical Studies, Athen). 102: Schwarzfiguriger attischer Krug, ca. 550 v. Chr., dem Amasis-Maler zugeschrieben, The Metropolitan Museum of Art, Fletcher Fund, 1931 (Eric Schaal). 104: Stele, 5. Jh. v. Chr., Kerameikos Museum, Athen (David Lees). 107: Schwarzfigurige attische Amphora, dem Taleides-Maler zugeschrieben, ca. 550 v. Chr., The Metropolitan Museum of Art, erworben 1947, Joseph Pulitzer Bequest (Eriç Schaal). 108: Schwarzfigurige attische Vase des Eucharides-Malers, 5. Jh. v. Chr., Ashmolean Museum, Oxford. 110: Verkaufsprotokoll, 414–413 v. Chr. 111 oben: Loszeichen, ca. 450–430 v. Chr. 111 Mitte: Ostrakon, 5. Jh. v. Chr. 111 unten: Urteilszeichen, 4. Jh. v. Chr. 112/113: Parthenon (Carone von Paris-Match). 115: Parthenon Fries, Marmor, British Museum, London (Gjon Mili). 116: Parthenon, Ausschnitt (Gjon Mili). 120: Relief, Marmor, römische Nachbildung des Originals aus dem 3. Jh. v. Chr., The Art Museum, Princeton University (Raymond V. Schoder, S. J.). 122 links: Tragödienmaske, ca. 400 v. Chr., Staatliche Museen zu Berlin, Antikensammlung (Gjon Mili). 122 rechts: Tragödienmaske, Terrrakotta, ca. 300 v. Chr., Archäologisches Nationalmuseum, Athen (Stephanos Papadopoulos). 123 links: Komödienmaske, Terrakotta, 3. Jh. v. Chr., Archäologisches Nationalmuseum, Athen (Emilo). 123 rechts: Komödienmaske, Terrakotte, ca. 200 v. Chr., Museum of Fine Arts, Boston (Edward J. Moore). 124: Attisches Votiv-Relief, Marmor, 4. Jh. v. Chr., Archäologisches Nationalmuseum, Athen (Bettmann Archive). 127: Krater aus Vix, ca. 500 v. Chr., Bronze, Musée Archéologique, Châtillon-sur-Seine, Frankreich (Raymond V. Schoder, S. J.). 130, 131: Zeichnungen von Victor und Maria Lazzaro. 132/133, 134: David Greenspan. 136/137: Norman Snyder, mit Erlaubnis des Circle in the Square, New York. 141: Erechtheion, erbaut 421–406 v. Chr. (Roloff Beny). 143: Parthenon-Fries, Marmor, Akropolis Museum, Athen (Gjon Mili). 144: George Hoyningen-Huene von Rapho-Guillumette. 146: Venus von Milo, Marmor, frühes 1. Jh. v. Chr., Louvre, Paris (Gjon Mili). 149: Krieger, Bronze, 6. Jh. v. Chr., Wadsworth Atheneum, Hartford, J. P. Morgan Collection (Lee Boltin). 150: Attischer Krug mit weißem Grund, ca. 440 v. Chr., The Metropolitan Museum of Art, Fletcher Fund, 1937 (Eric Schaal). 151 links: Terrakotta aus Tanagra, 5. Jh. v. Chr., British Museum, London (Raymond V. Schoder, S. J.). 151 rechts: Terrakotta aus Tthen, 5. Jh. v. Chr., British Museum, London (Derek Bayes). 155: Rotfiguriges attisches Trinkgefäß, ca. 480 v. Chr., Museum of Fine Arts, Boston (Raymond V. Schoder, S. J.). 157: Rotfiguriges attisches Trinkgefäß des Douris, ca. 480 v. Chr., Staatliche Museen Berlin, Antikenabteilung. 159: Rotfiguriges attisches Trinkgefäß, ca. 460 v. Chr., Museo di Villa Giulia, Rom (Emmett Bright). 161: Rotfiguriger attischer Krug, ca. 430 v. Chr., The Metropolitan Museum of Art, Fletcher Fund, 1937 (Eric Schaal). 162/163: Schwarzfiguriger attischer Krug, ca. 540 v. Chr., Museum of Fine Arts, Boston (Edward J. Moore). 166: Mosaik, römische Nachbildung des hellenistischen Gemäldes aus dem 4. Jh. v. Chr., Museo Nazionale, Neapel (David Lees). 171: Palast in Persepolis, Relief, 6.–5. Jh. v. Chr. (Dmitri Kessel). 175: James Burke. 176/177: David Greenspan. 180/181: Poseidon-Tempel, Kap Sunion, ca. 440 v. Chr. (Roloff Beny).

674/7